일이 남을 것인가,
내가 남을 것인가

일? 하긴 해야 하는데…
일 책, 이 한 권으로 **-끝-**

일이
남을 것인가,
내가
남을 것인가

세상에 일이 제일 쉬웠어요!

김성한 · 노병태 · 이달영 · 김소영 지음

"우리 시대 일을 이대로 둘 것인가?"

"성실하라, 꿈을 가져라, 열정을 품어라…." 뭐 이런 거 말고요.
업무가 무엇인지 진짜 알고 일하고 싶다니까요.
단계별로, 상황별로 어떤 역량이 필요한지 알고 싶어요.
어차피 하는 일 산뜻하게! 어차피 하는 일 마음 편하게!

좋은땅

추천사

저자와 인연을 맺은 것은 1995년 4월이었다. 같은 회사에 몸담고 있던 우리는 회의 석상에서 만났고 많은 대화를 나눴다. 시간이 흘러 2023년이다. 젊고 패기 넘치는 신입사원이었던 저자와 그때 나눴던 대화를 계속 이어 가고 싶어 그에게 연락했는데 답변이 왔다.

"뵐 수 있을지 모르겠습니다. 프로젝트를 진행 중이라 바쁜 시기입니다. 하던 일을 마저 끝내고 뵈면 안 될까요? 3개월 정도 예상합니다." 바라던 답변은 아니었지만, 그의 상황이 이해되었다. 스케줄을 변경할 수도 없고 나중을 기약해야 했다. 예나 지금이나 그는 스스로 Task 속에 파묻히는 경향이 있는 것 같다. 그에게는 특별한 뭔가가 있다. 바로 '행동한다'는 사실이다. 저자는 단순히 지식을 흡수하는 것이 아니라 흡수한 지식을 일상 업무에 바로 응용한다. 그의 업무 스타일은 높은 단계의 몰입이다. 어떤 일에 전념하며, 물고 늘어지는 것은 나의 트레이드마크인데, 그에게 끌리는 건 내 일상과 작업도 그와 패턴이 유사하기 때문이다. 내가 이뤄 낸 업적 중 의미 있는 일은 대개 강도 높은 집중의 결과였다.

회사는 국영기업에서 산업화 시대가 저물 무렵, 막차로 민영화되었다. 23만 평의 광활한 부지에 모든 것을 쏟아부으며 크고 작은 설비 합리화 프로젝트들을 진행했다. 이때 그는 눈부신 활약을 한다. 며칠 전에는 분명히 업무처리가 깔끔하지 못했는데, 어느 날 회의 석상에서 마주한 그는 가히 눈부실 정도였다. 명료하게 정리한 '문제점 및 대책'을 발표하는 그의 모습은 하늘이라도 뚫을 기세였다. 밤새워 가며 공부를 한 것으로 보였다. 그의 특장점은 공부효율이다. 즉 input이 100이라면 output도 거의 100에 가까울 정도로 배운 것을 모조리 현업에 응용하는 특징이 있다. 회사는 건립된 지 40년이나 지났으므로, 민영화 이후 신규 투자도 이어졌지만, 공장 내 각 부문에서 사고도 끊이지 않았다. 이렇게 신규 장치류의 건설과, 오래된 설비의 유지보수에 그는 아이디어뱅크 역할을 톡톡히 해냈다.

이후 회사는 조직 개편을 단행한다. 국영기업 때는 필요 없었던 전국적인 영업망 구축이 시급했다. 만들기만 하던 시절은 지났으므로, 팔아내는 것이 눈앞의 과제였다. 저자와 함께 영업망 구축업무를 진행한다. 그는 먼저 지점조직을 반듯하게 갖춘 후 바로 대리점구축업무에 돌입했다. 전에 없던 것을 신규로 만들어 내는 창조적인 일과 개선업무는 그의 특기다. 그렇게 대리점구축이 완료되자 지점실적은 하루가 다르게 쑥쑥 오르기 시작했고 급기야 연말에는 전년 대비 가히 폭발적이라고 할 만한 실적을 기록한다.

이후 시스템이 안정되면서 본격적으로 단순 영업에서 마케팅영역까지 확장하게 되었고, R&D를 포함한 연구개발 부문과 수출 부문까지 갖추며 회사다운 모습을 완성할 수 있게 되었다.

신입 공무원들이 많이 그만두고 있다. 대기업을 포함한 일반 직장도 그만두는 젊은 신입사원 때문에 고민이 커지고 있다. 3년 만에 80%가량이나 그만두거나 이직한다는 통계를 보고 착잡한 기분이 든다. 창조적인 개선과 아이디어가 쏟아지기 위해서는 한 가지 일에 정통해야 하기 때문이다. 한 가지 일에 정통해야 선견력도 생겨 앞일을 내다보고 기술개발도 기획할 수 있다. 지금까지 사회가 이만큼이라도 발전할 수 있었던 계기는 Task 마인드를 갖춘 이들이, 한 가지 기술과 일을 끈질기게 물고 늘어지며 집요한 방식으로 해결했기 때문이다. 반도체나 자동차를 포함한 많은 기술의 시작은 우리가 아니었지만 따라잡고, 앞서 나갈 수 있는 원동력은, 몰입한 상태로 끈기 있게 문제점을 하나하나 해결했기 때문이다.

기술 사냥에 쉽게 낚여 눈앞의 이익에 넘어가는 것을 보면 안타깝다. 업무관의 정립과 태도에서부터 문제가 잠재되어 있다고 본다. 상사와의 관계, 회사와의 관계 정립을 논하기 전에 개인의 업무관 정립이 먼저다. 열정, 성실 같은 고리타분한 말로 더 이상 젊은 세대의 마음을 얻을 수 없다. 일에 대한 가치관 정립이 먼저다.

상황별 단계별로 업무처리 요령을 달리해야 한다. 이 책에서 언급하고 있는 14가지 업무 스킬이, 마음이 휑하기까지 한 신입사원들에게 등불이 될 수도 있다고 본다.

막연한 미래, 막연한 업무지시 또는 아예 언급조차 없는 업무배치 상황에서 무엇을 등불 삼아 나아가야 할까? 누구를 멘토 삼아 일해야 할까? 또 시간이 흘러 팀장이 된 이들도 무엇을 어떻게 지시해야 할까?

이 책에 답이 있다.

전) 동부팜한농 대표이사 부사장

최　　　문　　　근

서문
·········

   서점에 가 보면 "○○력"이라는 책들이 눈에 많이 띤다. 기획력, 실행력, 판단력, 창조력 등 다양하기도 하고 또 많다. 마찬가지로 자기 경영, 영업, 마케팅, 의사소통 등에 관한 책도 많다. 그런데 이러한 책들의 공통점은, 주제로 다룬 역량과, 주제로 다루지 않는 역량 간 상호 관련성에 대한 언급이 없다는 점이다. 단 한 권으로 구성되어 있으므로 다른 역량에 대한 언급도 필요 없고, 또 집필자 자신이 개의치 않아도 된다. 그러나 현업에서 비즈니스를 진행해 보면 알 것이다. 하나의 역량으로 다 대응할 수 없음을. 낮 동안 일하면서 겪었던 부족함에 아쉬움이 남아 더 파고 들어가 보고 싶다. 그래서 서점에 가 보면 유사한 책들이 너무 많아 선택이 어렵다. 또 경력이 붙기 시작하고 본격적인 학습을 위해 몇 권의 책을 사 모아 읽어 봐도 뭔가 빠진 듯하다. 아직 익혀야 할 것이 많고, 주제들의 관계를 더 알고 싶기도 하다. 무엇부터 익혀야 할지 궁금하다. 공부하고 있는 역량들이 보석들인데 꿰매지를 못하고 있다. 이래서는 제대로 익힐 수 없다.

   예를 들어, "기획력"이라는 책을 읽다 보면 그 내용이 어느새 "예측력"의 이야기가 되기도 하고, 또는 "계획력"의 이야기가 되기도 한다. 그런데 "선견력"이라는 책도 "예측력"에 대하여 나열하다가 "판단력"에 대해서 언급하고 있어 읽을수록 상호 관계를 알기 어렵다. 이런 일이 잦을수록 머릿속에 잘 안 그려지고 이해도 어렵다. 기억하기 좋은 대칭화, 블록화, 순서화라는 틀이 깨져 빨리 잊어버리게 된다. 당연히 일에도 적용할 수 없고, 곧 잊어버리고 만다. 경력은 자꾸 쌓여만 가는데 부끄러운 선배가 될까 초조하고 마음이 급해진다.

우선 일에 필요한 역량의 정리가 시급하다. 역량들 전체가 어떻게 구성되어 있는가를 이해하는 것이 몸으로 익히는 공부의 시작이다. 업무의 출발이다. 유사시 저절로 튀어나와야 한다.

지적으로 일할 때다. 인공지능이 나타나 AI 형태로 우리의 일터로 치고 들어오고 있다. 이들 인공지능은 우리에게 도움을 주는 것처럼 보이지만, 경쟁자가 될 수도 있다. 개인사업은 물론 스태프로 일하는 방법을 모색해 보고 인공지능보다 현명하게 일하는 기법을 찾는 것이 당장의 과제다.

인공지능보다 일 잘하는 방법은 딱 하나밖에 없다. 코디네이션(Coordination)이 그것이다. 전략적으로 선배들과 동료들의 output을 목적에 맞게 제때 응용하는 것이다. 책 찾아보고 컴퓨터 파일 열어 보면서 일할 수는 없다. 몸으로 익힌 역량들을 활용하여 현장에 맞게 일을 척척 처리하는 것뿐이다. 달리 기준이 있을 수 없다. 책을 구성할 때, 스스로 학습하고 스스로 도달점에 이를 수 있도록 엮었다. 학습 체험을 성과의 형태로 구현하는 일이 가능하도록 편집했다. 기예(역량, 스킬 - skill)라고 이름 한 것부터 반복 훈련으로 나아질 수 있다고 믿었기 때문이다.

공장 부문과 판매 부문에서 스태프로 일하면서 많은 프로젝트를 수행 했다. 일할 때 요긴하게 사용했던 단편적인 지식을 모아 구성하고 책으로 엮으려니 쉽지 않다. 문제 감지, 창조 개선, 결단 실행, 조정 설득, 개성에 의한 리더십의 주제를 통합하여 펼치는 것이 무모할 수 있다는 생각도 든다. 파고 들어가 보니 끝이 없다. 그러나 구구단이 산수의 셈본 이듯, 일의 셈본을 만든다는 심정으로 편집에 임했다. 일하는 사람들에게 도움이 되었으면 하는 마음 간절하다. 또 경험하기로 분명 이러한 역량들이 따로 기능하지는 않았다. 막 입사하여 스태프로 일할 때도 그랬고, 차츰 경력이 붙어 팀을 이끌 때도 특정 기능만 요구되던 것은 아니었다. 회사나 팀을 대표하여 외부로 나가 고객을 응대할 때도 그랬다. 다양한 역량들을 현장에 맞춰 동시에 펼쳐 내야 했다.

책에는 여러분이 일을 잘 처리하기 위한 도구들이 제시되어 있다. 에너지를 뿜어낼 태도를 갖추는 것부터, 일에 대한 원칙과 목표를 설정하는 방법, 효과적인 생각 관리, 창의적인 문제 해결, 조정과 설득, 영향력까지 다양한 주제를 다룬다. 단계별 일의 여러 측면을 탐구할 것이다.

일은 삶에서 많은 부분을 차지한다. 성취와 만족에 직결되는 중요한 요소다. 일의 세계는 간단하지 않다. 경쟁이 치열하고 변화가 빠르며, 예기치 않은 도전과 고난이 끝이 없다.

또한 이 책은 사례와 스토리로 통찰력을 제공한다. 성공은 개인적인 여정이다. 단순한 해답을 찾는다기보다 생각하고 행동하는 도구로 책을 활용하길 바란다. 여기서 다루는 주제들이 여러분 일에서 성공하기 위한 기반을 마련해 주고, 자신만의 독특한 길을 찾아가는 데 영감을 주기를 바란다.

일에 대한 새로운 시각과 통찰을 얻기를 바란다. 일에서 성공하는 법을 익히기는 어렵지만 불가능하지는 않다. 이 책이 여러분의 일과 삶에서 성취를 안겨 줄 수 있기를 간절히 바란다. 함께 성취를 맛보고 싶다.

지금까지 공부하면서 감정표현을 배우지 못한 것처럼 일의 구성을 고민해 보지 않았다. 눈앞에 벌어진 장면별로 대응할 수 있어야 한다. 감정표현이 기술임을 진작 알았더라면, 일도 상황별로 응용해야 할 기술이 있음을 진작 알았더라면 좋았을 것을….

생각해 보면 지금까지 미분 적분은 배웠는데 일하는 방법은 한 번도 배워 본 적 없는 것 같다. 일에도 단계가 있을 텐데 일이 어떻게 구성되어 있는지 생각도 안 해 보고 살았다. 또 누가 가르쳐 주지도 않았다. 일에 단계가 있고, 단계별로 익혀야 할 역량이 있다니 다행이고, 우선 배워볼 일이다.

자 같이 시작해 봅시다.

‖ 목차 ‖

1장

자기 일을 파악하고 있는가
- 업무관과 태도

사람들은 일에서 직업적인 목표를 달성하고 경제적인 보상을 받는다. 일은 삶의 중요한 부분이며, 일에 대한 성취감은 자신감과 만족감을 높여 준다. 성취와 만족감은 일에 대한 사명감, 창의성 그리고 능력을 발휘하는 것을 의미한다. 일에서 성공은 목표달성, 업무적인 성과, 승진과 관련 있다. 그러나 이는 단순히 성과나 승진만을 의미하는 것은 아니다. 일에서 성공은 일 자체에서 만족감을 느끼며, 자신의 역량을 발휘하고 개인적인 성장을 이루는 것이어야만 한다.

먼저 일에서 성공의 바탕인 업무능력을 향상하는 방법부터 알아보자. 업무능력은 단순히 지식을 습득하고 업무 기술을 익히는 것만으로 얻어지지 않는다. 마음의 자세나 태도로 시작됨을 알아야 한다.

업무능력은 업무관의 정립이 먼저다.

업무관은 가치관이나 인생관처럼 주관적이다. 스태프로 일하는 사람이든, 1인 창업가든, 예술가든 우선 "자기 일을 파악하고 있는가." 하는 물음이 시작점이다.

능력 있는 사람과 그렇지 않은 사람의 결정적 차이는 무엇일까?

그것은 자신에게 얼마만큼의 노르마(norma)를 부과하는가 하는 각오의 차이다.

또한 자신을 해고하는 한도를 정하고 있는가, 아닌가의 차이라고도 할 수 있다. 사람의 능력에는 처음부터 차이가 있는 것이 아니라, 잠재되어 있는 능력을 끌어내고 있는가, 아닌가에 달려 있다고 할 수 있다.

여러분은 부하들의 일하는 태도를 보고 "저 친구는 아주 유능해.", "이 친구는 좀 그래." 하는 식으로 일면을 보고도 전체적으로 능력을 평가하고 있는 자신을 발견할 수 있을 것이다. 그 반대도 마찬가지다. 부하직원도 상사나 선배를 보면서, 이 사람이라면 믿고 따를 만하다. 보고 배워서 능가하는 사람이 되어야겠다며 마음속 멘토로 삼는다. 어느 부분이라고 분명하게 이유는 댈 수 없지만, 확실히 유능한 사람과 그렇지 못한 사람 사이에는 차이가 있는 것처럼 생각된다.

그러면 우선 "유능이란 무엇인가"와 "무능이란 무엇인가"에 대하여 생각해 보자.

1. 유능하다고 느껴질 때

이야기를 구체적으로 끌어가기 위해 어떤 실제적 장면을 상상해 보겠다. 우선 대체 어떤 상황에서 유능한 사람이라고 느끼는 것일까. 여러분 생각은 어떤가요?

▶ 여러분이 높이 평가하는 사람을 떠올리며 빈 종이에 생각나는 대로 한번 적어 보자.

자, 그러면 여러분의 메모와 다른 사람의 메모를 한 번 비교해 보자. 다음은 위의 질문에 대하여 150인에게 질문했을 때의 통계기록이다.

※ 유능한 사람이라고 생각할 때

어려운 일을 완수했을 때(33명)

자기가 그려 본 이미지와 같은 성과로 일을 완성했을 때(21명)

지금까지의 움직임에 비해 아주 새롭게 업무의 폭을 넓히기 시작할 때 (9명)

업무태도에 세심한 배려가 작용하고 있다고 느낄 때(15명)

항상 업무를 재빨리 마친다고 생각될 때(21명)

업무보고할 때 빠짐없이 정확하게 해 줄 때(16명)

예측되는 문제를 정확히 판단하고, 대책을 세우고 있다는 것을 알았을 때(12명)

언제나 타인보다 좋은 업적을 보여 줄 때(24명)

자기가 생각하는 바를 알아맞혔을 때(6명)

주어진 업무만 수행하지 않고, 자발적으로 주제를 추진하고 있다는 것을 알았을 때(3명)

어떤가요? 여러분의 메모 내용과 대략 일치하는가요?

2. 무능한 사람의 공통적인 경향

또 반대로 여러분이 불만인 사람의 움직임을 보고, 어떤 때에 '능력이 없는 사람이야'라고 느끼는지 알아보자.

다음은 다른 기회에 조사했을 때의 50인의 질문 집계다.

※ 무능한 사람에게서 볼 수 있는 특성

업무처리 속도가 늦다. 충분한 시간임에도 수행하지 못한다.

일은 해내지만, 요점을 벗어나는 경우가 많다.

반드시 핑계를 대며 수행하지 못한다. 이유는 자기 탓이 아니라고 변명한다.

실패하여도 원인을 파악하거나 알려고 노력하지 않는다.

노르마 이해의 성과(그것도 항상)밖에 올리지 못한다.

손에 익은 일상적인 업무 외에는 손대지 않는다.

독선적인 결론을 내리고 리스크를 예상하는 일이 없다. 변화에 대응하지 못한다.

어떤가요? 평소 생각을 담고 있나요?

3. 일의 결과를 세 가지로 요약할 수 있다

1) 일의 성과와 질이 다르다

결과를 보면 두말할 필요 없다고 할 수 있다. 이것은 어쩌다 성과에 차이가 생겼다는 것이 아니다. 자기가 실현하려고 하는 표준적인 성과, 다시 말해 유능한 사람과 무능한 사람 사이에는 성과가 크게 다르다는 것이다. 예를 들면, 홈런 타자라는 말을 듣는 사람에게는 한 시즌에 홈런 개수가 적어도 20개 이상은 되어야 한다. 일반적인 선수는 5~10개 수준이니 노력의 목표가 다르다.

달리 말하면, 일을 유능하게 수행하는 사람은 '성과의 기준을 높게 설정하고 있는 사람'이라고 말할 수 있다.

2) 업무 폭이 다르다

수행하려는 직무내용의 폭, 넓이가 보통 사람의 움직임에 비하면 월등히 넓은 영역을 커버하고 있다. 예를 들면 "그것은 저의 업무가 아닙니다."라고 하는 사람과 달리 "제가 수행해야 할 업무입니다."라고 하며, 그는 폭넓게 업무를 받아들인다. 당연히 노력의 양이 커지고 영역이 넓어지며 성장하기 마련이다.

유능한 사람은 직무의 역할기능을 넓게 설정하여 자기에게 부과하는 경향이 있다고 할 수 있다. 단순히 업무를 일의 수단으로만 받아들이지 않고, 큰 목적의식을 가지고 받아들이는 사람이다.

3) 일하는 솜씨가 좋다

일하는 솜씨를 잘 관찰해 보면, 성과를 좌우할 급소를 파악하여 빈틈없이 손을 쓰고 있음을 알 수 있다. 예를 들면, 명수비수라는 말을 듣고 있는 김민재 선수의 플레이처럼, 볼이 올 위치를 파악하여 재빨리 자리를 잡고 플레이하면서도, 그렇게 보이지 않는다.

이것을 달리 말하면, 유능한 사람은 '성공의 급소를 알고 있는 사람, 연구하는 사람이다'라고 말할 수 있다.

지금까지 설명한 관점이 자기 단련의 포인트라는 것을 깨달았을 것이다. 동시에 부하 육성의 키포인트라는 것은 두말할 나위 없다. 업무능력이란 단순히 지식을 습득하고 기술을 익히는 것만으로 얻어지지 않는다. 먼저 자신에게 과제를 부여하는 정신, 곧 마음의 자세로부터 시작됨을 알아야 한다.

일에서 성공하는 전략을 공부할 때 여러 가지의 역량 즉, 사고하는 기술을 연습하게 되지만, 중요한 것은 "자기 자신에게 업무를 부과하는 자세"의 유무라고 하겠다. 이 점이 어긋나는 한, 어떤 역량도 그 효과를 발휘할 수 없다. 자율적 업무 수행을 요구하며 말없이 결과를 보고 "유능무능"을 평가하는 것이 한국식 인사 고과법이며, 업무 부여법이다. 미국이라면 일정한 성과를 계량형 척도로 명시하고, 수행하지 못하면 해고 대상이 되는 것을 본인이 알고 있지만, 한국의 비즈니스 사회에서는 미국처럼 구체적으로 명시하지 않으므로, 수행하지 못하면 더욱 범위가 작은 업무로 바뀌는 구조로 되어 있다. 이것은 스스로에게 관대하고 자신의 부족함을 상사나 부하의 탓으로 돌리는 사람에게는 안성맞춤 구조지만, 능력을 단련한다는 면에서 보면 냉정하게 내치는 비정한 제도다. 다소 냉정하게 말하면 스스로 깨닫는 것 외에는 자기를 구제할 길이 없는 셈이다.

4. 업무스킬의 3가지 구분법

비즈니스는 어떤 업무든 다음 세 가지의 스킬이 동원된다. 이외에도 여러 가지 역량이 필요하겠지만, 다음 세 가지 구분법이 요긴하며 자주 나온다.

1) 테크니컬 스킬(technical skill)

자동차 판매를 위해서는, 자동차에 대한 기술적 지식이 필요함은 두말할 나위 없다. 화학 분야에서 일하는 사람에게는 화학적 기술지식이 당연히 필요하다.

외과 의사는 수술 솜씨가 기본이다. 다시 말해 비즈니스에서는 누구든지 기본역량이 필요하다. 이것을 일괄하여 테크니컬 역량(technical skill)이라고 부르기로 하겠다. 여기서는 테크니컬 역량에 관한 언급이 불가능함을 이해하길 바란다. 그것은 전문적 세계에서 배울 수밖에 없다.

2) 휴먼 스킬(human skill)

이것은 대인관계 능력이라고 총칭하는 역량이다. 결국 사람과 사람과의 접촉을 통하여 비즈니스는 성립한다. 인간의 삶은 대인관계 능력으로 영위되므로, 사람 관계를 원활하게 유지하는 역량이 중요하다.

이 휴먼 스킬의 내용은 넓게 보면 인간 행동의 대부분과 연관되지만, 한정하여 생각하면 다음과 같은 능력이 이에 해당한다.

a. 의사소통 스킬(communication skill)

자기의 생각이라든가 심정은 말이나 글을 통하여 상대방에게 전달하지 않으면 아무런 일도 일어나지 않는다. 말이나 글로 자신이 생각하고 있는 바를 전하고, 이해시키는 기술의 중요성은 누구든지 인식하고 있다.

사람은 태어나면서부터 자국어 사용에 익숙하므로 바르고 정확하게 말하는 기술에 대해서는 별로 노력하지 않는다.

비즈니스란, 여러 상황에서 나의 의도를 상대방이 승인하는 데서부터 비롯된다. 점포 개조라든가 광고, 옷차림도 의사소통의 일부다.

특히 남 이야기를 잘 듣는 경청 기술은 소홀하기 쉬우므로 꾸준히 연마해야 한다.

b. 동기부여 스킬(motivation skill)

리더십 역량인데, 인간 욕구와 행동에 관한 통찰력이 요구되는 역량이다. 업무편성 기술이라든가 팀에 기세를 불러일으키는 능력과 관련되며, 말하고, 듣고, 쓰는 기능도 무시할 수 없다.

c. 팀 조직 스킬(team-building skill)

사람과 사람 사이의 협력 행위를 형성하는 기술이다. 조직은 단지 형식을 갖춘 인사발령으로만 소속감을 느끼게 할 수 없다. 팀 내 사람과 사람의 교류를 조성하고, 리더와 멤버 사이에 존재하는 벽을 제거하여, 관심을 하나로 묶는 능력이 요구된다.

d. 마음을 따뜻하게 하는 스킬(mild heart)

사람 마음을 끌어당기는 타고난 소질에 가까운 능력이라고 할 수 있다. 자기를 낮추고 상대방을 존중할 줄 아는 사람, 남의 장점을 찾아내려고 노력하는 사람은 이 능력을 갖추었다고 할 수 있다.

이 밖에도 공감 능력이라든가, 어린아이처럼 순진한 사람, 솔직 담백한 사람, 하는 일에 큰 지식을 갖추고 있어 믿고 따르고 싶은 사람 등 사람 사이에 마음이 통하게 하는 능력은 매우 다르므로 한마디로 단언하기는 어렵다. 다음 세 가지 훈련이 가능한 역량을 선정하여 앞으로 배우게 될 능력구조 매트릭스에 포함했다.

- 조직화력(팀조직력)
- 의사소통력(협력구축력)
- 영향력(기세형성력)

3) 컨셉추얼 스킬(conceptual skill)

컨셉추얼 스킬(conceptual skill)이라는 용어는 미묘한 뉘앙스를 띠고 있다. 직역하면 개념 형성 능력 정도로 말할 수 있겠지만, 사물의 본질을 꿰뚫어 보고 정확히 말이나 글로 표현할 수 있는 능력, 끝까지 생각할 수 있는 능력이라고 할 수 있다.

여기서는 이 능력을 지적역량이라는 짧은 말로 표현하겠다.

사물의 본질을 정확히 꿰뚫어 보는 것은 비즈니스의 성패를 결정하는 중요한 요소다. 예를 들어 선견력을 실현하기 위해서는, 현재 시점에서 몇 개 사실의 경향성을 파악하고 앞으로 발생할 현상을 판단하는 능력이 필요하다. 여기서 사물의 본질을 정확히 꿰뚫어 본다는 것은 컨셉트를 추출하고 자신의 사업과 연결할 수 있는 능력을 말한다. 예를 들면, 우크라이나에서 전쟁이 일어났을 때 통상문제가 발생하리라는 것을 예측한 사람은 많지만, 장차 나에게 어떤 문제를 불러올 것인가에 대한 통찰은 사람에 따라 다르다. 본질을 찾아내는 능력은 사람마다 차이가 있다. 훈련으로 익힐 수 있다.

또 마케팅의 성패를 좌우하는 생명선은 고객과 상품을 어떻게 정의하느냐에 달려 있다. 심지어 본질을 어떻게 정의하느냐에 따라 판매 방법(채널의 선택 방법, 광고 방법, 세일즈 화법, 전시 방법 등)이 완전히 달라진다.

연구개발이라든가 신상품을 개발하는 데에도 니즈를 파악하는 것이 출발점이 된다. 또는 라이벌 회사와 자사의 "강점 약점 분석"으로 전략을 세우는 데도, 강점 약점을 발견해 내는 안목이 필요하다.

즉, 컨셉트를 올바르게 표현할 수 있는 기술은 지적역량의 매우 큰 부분을 차지하고 있는 셈이다. 이 역시 훈련으로 배울 수 있는 역량이다.

사실을 관찰하고 거기에서 보편적인 의미 부여와 상황적 가설을 설정하는 능력을 일반적으로는 귀납적 사고라고 부른다. 필연적이라고 하는 상황을 논리적으로 설정하고 사실로 입증하려는 능력을 연역적 사고라고 한다. 같은 종류인가 또는 다른 종류인가를 식별하고, 또 차원이 같은 것과, 다른 것을 구별하고, 거기에서 일정한 법칙을 발견하고 정리하는 능력을 분류적 사고라고 한다. 어떤 하나에서 닮은 것, 비슷한 것을 연상하고 양자의 공통점을 잘 추출하는 사람을 일컬어 비유를 잘한다고 한다. 즉 현상에서 본질을 배우는 사고를 가리켜 유비적 사고라고 한다.

이와 같이 계속 나열하다 보면, 사고 기술 모두 포함된다는 것을 알 수 있다. 물론 이들 사고 기술은 그것만 가지고 성립하는 것은 없고, 짝지어 쓰인다. 다음 장에서는 이것을 비즈니스에서 지적역량으로 나누어 여러 요소로 생각해 보겠다.

이상 세 가지 스킬(technical, human, conceptual skill)은 비즈니스 종류와 단계에 따라 사용하는 빈도가 다르다.

제일선 스태프에게는 테크니컬 역량과 컨셉추얼 스킬이 큰 부분을 차지하고, 팀원들과 최종 결정권자 사이에서 조정 역할을 해내고 설득해야 하는 중간 관리자에게는 테크니컬 스킬, 켄셉추얼 스킬, 휴먼 스킬 모두 쓰인다. 중간 관리자는 전천후 폭격기가 되어야 한다. 1인 창업으로 개인사업하시는 분, 사업가, 부문장이나 기업 참모도 마찬가지다.

※ 컨셉추얼 스킬의 중요성

여러분들은 젊고 유능한 비즈니스맨이다. 전문 스태프일 수도 있고, 제일선 관리자일지도 모른다. 또 급성장하는 사회에서 1인 창업으로 사업을 펼치는 사람일 수도 있다.

젊고 패기 있는 여러분에게 특히 중요한 것은, 이 컨셉추얼 스킬을 매일의 비즈니스에서 단련하는 일이다.

컨셉추얼 스킬이 부족하기 때문에 어려움을 겪는 사람이 많다. 이것은 결코 머리가 좋다, 나쁘다는 표현으로는 적절하지 않다. 그렇다고 해서 기억력의 좋고 나쁨도 아니다. 그것은 바로 학교에서 터득한 사고력을 비즈니스라는 응용문제에 충분히 활용해 볼 수 있는 실천가인가 아닌가의 차이일 뿐이다.

5. 비즈니스에 필요한 역량구조 매트릭스

지금까지 요약한 내용을, 익혀야 할 스킬로 구분하여 14가지의 역량으로 분류하였다.

지적역량을 어떤 형식으로 분류할 것인가. 이에 대하여 14가지로 구분한 것이 앞에서 언급한 역량구조 매트릭스다.

① 문제감지력에서부터 시작하여 ⑭ 영향력에 이르기까지, 비즈니스 상황의 진행단계 순으로 나열해 보았다. 항상 이런 단계로 지적역량이 사용되는 것은 아니지만, 사용되는 장면별로 구분하면, 몸에 익히기 수월하여 이렇게 나열했다.

'일을 진행시키는 데 필요한 역량에는 무엇이 있는가?'에 대한 전체적인 이미지 구성이 당장 익혀야 할 과제다. 전체와 부분과의 관계를 머릿속으로 그려 볼 수 있게 하기 위함이다.

아래 도표는 우리가 공부할 내용의 역량구조 매트릭스다.

비즈니스에 필요한 역량구조 매트릭스

향상 시켜야 할 지적 스킬(역량)		몸에 지녀야 할 능력	성격 태도	전략력 기획력	선견력 예측력	창조력 개선력	문제 해결력	실행력 결단력	조정력 설득력	리더십 영향력	공부 주제
가	0	역할인식 (업무만들기)	적극성	●	●	●	●	●	●	●	업무관과 태도
나	1	문제감지	이상가	●	●	●	●			●	선견력 (예측력)
	2	정보수집	호기심	●	●		●				
	3	상황추리	순수함	●	●		●				전략력 (기획력)
	4	논리사고	치밀함	●	●		●				
다	5	기능추출	예리함		●	●	●			●	창조력 (개선력)
	6	시스템 설계	착실함		●	●	●			●	
	7	착상아이디어 만들기	개방성		●	●	●				
라	8	목표설정	상상력		●		●	●	●	●	실행력 (결단력)
	9	행동분석	감수성				●	●	●		
	10	대책선별	현실성		●		●	●	●		
	11	상황대응	유연성	●	●		●	●		●	
마	12	조직화	공감력				●	●	●	●	조정력 (설득력)
	13	의사소통	인내력					●	●	●	
바	14	기세 만들기	꿈 집념						●	●	개성 (영향력)

① 몸에 지녀야 할 목적 능력을 상단에 가로로 나열하고, ② 그 목적 달성을 위하여 필요한 스킬을 왼쪽 칸에 세로로 나열하고, ③ 세로와 가로가 서로 관계하는 상태를 ●표로 나타내고 있다. ④ 가장 우측은 공부 주제

훈련이 가능한 역량을 지적 스킬로 다루고 있다. 이외에 인간의 성질인 신속성, 참을성, 끈기도 필요하다. 성격·태도 칸에 표시해 둔다.

역량구조 매트릭스를 어떻게 읽는가?

▶ 목적으로 파악한 능력을 상단에 가로로 나열하고,
▶ 그 목적 달성을 위해 필요한 역량을 왼쪽 칸에 세로로 나열하고,
▶ 세로와 가로가 서로 관계하는 상태를 ●표로 나타내고 있다.

몸에 지녀야 할 능력(가로)을 실현하기 위해, 어떤 역량(세로)을 훈련하여 자기 것으로 만들어야 하는가를 쉽게 알 수 있다. 또한 이 매트릭스를 활용하여 자각하지 못하고 있던 자신의 강점이라든가 약점을 인식하고 계발 목표를 세울 수도 있다.

지적으로 일하는 사람으로서 어떤 능력과 역량을 꾸준히 익혀 나가야 할지, 체계도를 머릿속에 선명하게 넣어 두자.

2장

비즈니스의 처음이자 마지막
- 전략력(기획력)

선견력과 마찬가지로 중요한 능력이 전략력이다. 정의하고자 하면 어려우므로, 필요한 요건을 나열하여 전략력의 이미지를 분명히 하려 한다.

전략과 전술은 다음이 다르다.

전략은 적의 움직임을 보지 않고 대응하는 것이며, 전술은 적의 움직임을 보면서 매번 대응을 변화시켜 이기는 것이다. 전쟁은 싸움을 시작하기 전에 적과 아군의 전력을 비교하여야 한다. 성산이 많은 자는 승리하고 성산이 적은 자는 승리하지 못한다.

이는 손자가 냉정한 전략가로서 무리한 싸움은 하지 말라는 교훈이다.

이 가르침을 기업경영 전략에 채택하여 연구하는 것이 SWOT분석이다. 강점이 있는 마켓에서 싸우라는 상품기획의 원칙은 손자의 정신과 일맥상통한다.

라이벌과 자기의 실력 비교에는 사실 파악과 사실 사이의 맥락을 읽는 추리력이 중요하다.

※ 전략의 본질

▶ 전략 능력은 선견 능력의 뒷받침이다. 전략적으로 보는 가설이 다양하고 질이 우수하면 선견력이 길러진다.

▶ 니즈를 알고, 라이벌의 힘을 알고, 자기의 강·약점을 아는 것이 전략의 시작점이다.

▶ 전략의 기본은 불변이다. 기본 전략에서 벗어나지 않는 범위 내에서 상황에 따라 행동을 유연하게 변화시켜야 한다.

1. 전략이란 정보력이다

전략이라는 말은 비즈니스 사회에서 많이 사용하는 단어다. 사람들에게 '전략이란 무엇인가?'라는 질문을 해 보면 대답은 천차만별이다. 일종의 소원, 희망사항으로 승화된 상태를 전략이라 부른다.

전략은 아래 사실을 수집, 평가해야 한다.

1) 경쟁상대의 상황(그를 알고)
2) 자기의 강점·약점(자기와 니즈를 알면)

3) 승리할 확률과 실패할 확률의 판단

4) 승리하기 위해 해야 할 일, 실패하지 않기 위한 대책 수립

전략과 선견력의 관계에서 중요한 것은 승패의 결과에 대한 예측이다. 예측기법으로 라이벌 분석과 자기분석 기법이 있다.

2. 전략이란 복수의 상황을 추리하는 능력이다

먼저 발견한 쪽이 이긴다는 말을 볼 때, 이기기 위한 노력은 당연히 적이 어떻게 나올까에 대한 예측이다.

1) 환경, 여건의 변화를 선견한다.

2) 경쟁상대의 태도, 취하리라 예견되는 방침을 가정하고 추정한다.

3) 어떤 국면이 되어도 대응할 수 있도록 여러 가지 작전을 준비한다.

그러나 상대방이 취할 태도를 정확히 맞추기는 어렵다. 비즈니스에서도 내일의 변화, 1개월 후의 변화, 3년 후의 변화를 정확히 예측하기는 어렵다.

맞고 틀리고를 떠나 시간의 흐름과 대세를 어떤 범위 속에서 파악하는가가 중요하다. 이것은 할 수 있다. 현재 파악한 사실로는 오리무중이다. 범위가 넓어도 예측하지 않고 되어 가는 추세대로 두었다가 문제에 직면해 허둥대기보다는 전략적이다.

3. 전략이란 자원의 중점배분이다

비즈니스에서 전략이란 자원의 중점배분을 결정하는 것이다. 매우 시사적인 정의이며 현대적인 감각에도 맞는 견해다.

전투에서는 어찌 되었든지 적이 눈앞에 나타나므로, 싫든 좋든 병력을 투입해야 한다. 어느 지점에 병력을 많이 배치하는가, 어느 지점은 병력이 적어도 되는가를 예측하고 결정하는 것이 한정된 병력의 중점배분이다.

비즈니스도, 전쟁과 마찬가지로 보유 자원에는 한계가 있다. 자원(사람, 설비, 자금, 기술, 시간)을 어떤 사업 분야에 어떻게 배분하는가가 비즈니스 전략의 기본이다.

주요 기업에서 채택하고 있는 전략 분석법 가운데 제품별·사업별 전략적 중요도의 위치설명 도해가 있다. 프로덕트 포트폴리오라고 부르는 틀이다. 이를 사용하여 사업의 전략적 가치를 평가하는 것도 방법이 될 수 있다.

현대 비즈니스에서 전략적 사고 기술은 마케팅에서 사용하는 중요 기법이다.

4. 전략이란 "무엇을 개발하는가"이다

남보다 한발 앞서야 멀지 않아 모든 일에 앞설 수 있다. 기업의 사활은 정보에 좌우된다. 빅데이터에 사활을 거는 이유가 여기 있다. 세계를 연결하는 신속한 정보 가공 능력을 갖추어야 승리할 수 있다.

우리의 맹렬한 수출 공세도 그 상품의 발명자가 한국이라면 어떤 나라도 불평불만을 할 수 없을 것이다. 그러나 유감스럽게도, 자동차나 전자기기, TV 등 많은 제품이 개발의 단서는 우리가 아니었다.

제품개발 학습은 다음 장에서 다룬다. 다음은 짧은 예고편이다.

1) 기능추출력

사람이 요구하고 있는 서비스 기능은 무엇인가.

그 기능을 만족시키는 상품은 반드시 팔린다.

반드시 팔리는 상품이라면 개발할 가치가 있다.

2) 시스템설계력

사람이 무엇을 개발할 때, 그것은 잠재수요에 맞아야 한다.

전략이 사전에 하는 행동계획이라면, 시스템설계력은 곧 전략이다.

3) 착상력

아이디어는 목적을 예리하게 집중·집약하는 데서 생기고 성공확률도 높다.

5. 전략이란 실행을 위한 용의주도한 준비다

싸우지 않고 이기는 것이 전략이지만, 이면에는 착실히 준비된 실력이 있을 때 비로소 가능한 이야기다. 전술의 선택과 아울러 "결단력과 실행력"의 뒷받침이 필요하다.

1) 목표설정력 ⇒ 이기는 목적에 도달하려면 무엇을 할지 명확히 하고, 협력해야 한다.
2) 대책선별력 ⇒ 목적에 대해 효과적이고, 경제적인 방법을 찾는 것이 전략의 극치다.
3) 상황대응력 ⇒ 전략에 대하여 전술은, 예기치 못한 상황에 대한 대응력이다. 염두에 두어야 할 점은 전략의 기본은 바꾸지 말아야 한다는 일관성이다.

이처럼 전략에 관하여 계속 기술하다 보니, 이번 주제가 전체 과정 전략과 관계있다는 것이 명확해졌다.

즉 지적 스킬 개발이란 전략기획력의 개발과 같다고 할 수 있다.

3장

남보다 빨리 변화를 읽는다
– 선견력(예측력)

남보다 빨리 장래 변화를 읽어 낼 수 있는 능력은 탁월한 능력이다. 이것은 여러 가지 사고조작을 한 결과 "앞을 내다보고", "실현되었을" 때 비로소 선견력이 있다고 평가되는 아웃풋형으로 표현된 능력이므로 상단에 나열하였다. 또한 비즈니스 출발부터 익혀 몸에 지녀야 할 능력이라고 생각하여 시작과 함께 다룬다. 비즈니스는 선견력으로 출발하여 선견력으로 끝난다.

비즈니스를 펼칠 때 선견력이 필요한 경우를 몇 가지 예를 들어 보자.

① 주식 등 투기적인 투자를 할 때

② 설비투자를 결정할 때

③ 연구개발 주제를 결정할 때

④ 새로운 사업을 결정할 때

⑤ 사업 확대, 억제를 결정할 때

어느 것을 보더라도 미래 현상에 대하여 무언가 가설을 세우는 것이 선견력을 만드는 첫 번째 조건임을 알 수 있다. 선견력이란 가설설정 능력 그 자체라 할 수 있다. 이 5가지 장면은, 앞으로 무엇이 요구되고, 무엇이 요구되지 않게 되는가 하는 세상의 욕구와 니즈 변화, 즉 거기에서 비롯되는 비즈니스 변화를 읽을 필요가 있음을 보여 주고 있다. 한마디로 사람들의 "사물에 대한 기능 욕구의 변화"를 추론하는 일이라 하겠다.

선견하고 예측해야 하는 것은 성장 기회의 예측뿐만 아니라, 위험 유무의 예측에도 필요하다. 앞으로 어떤 것이 위험하니까 주의해야 한다, 또 일어날 수 있는 위험으로 어떤 것이 있는가를 상상하는 능력이 필요하다.

역량1 문제감지력(문제 만들기)

뛰어난 비즈니스 능력이 있는 사람은 문제를 감지하고 만들어 내는 능력이 탁월하다. 문제 해결은 문제를 감지하는 데에서부터 시작한다. 선견력이라고 해서 느닷없이 하늘에서 툭 떨어지는 것이 아니라, 평소 문제시하고 있었기에 빨리 변화징조를 알아차릴 수 있다.

"문제 만들기"를 성립시키는 데는 문제감지력뿐만 아니라, 해결하기 쉬운 방향으로 유도하는 능력도 필요하다. 업계 동향 사실을 수집하고, 정보를 모아 분류하는 일은 끊임없이 반복해야 한다. 또 지금 순조로운 외식산업도 앞으로 계속 번창하리라고 생각하는 사람과, 조만간 사양길로 접어들 것이라 경계하는 사람과는 접근 방법이 다르다.

냉철한 눈으로 볼 수 있는 사람은 작은 징조도 빨리 감지해 내고, 어느새 정보수집을 시작한다. 선견력의 차이는 이렇게 사람에 따라 점점 격차가 벌어진다.

※ 문제감지력을 높인다

▶ 인간이 행동을 일으키는 직접 요인은 "큰일 났군." 하는 문제에 대한 자각이다. "어떻게 해야지."라고 생각하지 않는 한 변화 없다.

▶ 똑같은 현상을 보아도 누구나 "큰일 났군." 하고 느끼는 것은 아니다. 이유는 사람마다 만족 수준이 다르기 때문이다.

▶ 선견력이란 자기 문제에 민감한 사람에게만 주어지는 능력이다.

1. "문제"란 무엇인가

문제를 재빨리 감지하는 것이 비즈니스 활동의 시작이다. 이것은 국가 차원의 사업이나 비즈니스에서, 전쟁 중인 양국 간 또는 라이벌 회사 대응도 마찬가지다. 선수 필승이라는 말을 다른 말로 바꾸면 문제감지가 빠른 편이 이긴다는 말이다.

그런데, 문제라고 부르는 이 말의 이미지는 사람마다 다르다. 예를 들면 어떤 사람은 다음과 같이 말한다.

▶ 그러므로 나는 "목표는 좋지만, 방법이 문제다."라고 그때 말했지요.
　(잘되지 않은 원인이 방법에 있다)
▶ 그것은 문제가 되지 않아요. 왜냐하면 다른 이유에서 발생한 일이니까요.
　(해결해야 할 테마가 아니다)
▶ 우리 회사는 부장이 문제다.
　(부장의 능력이 부족하다. 또는 방해하고 있는 것이 원인)
▶ 결국 문제가 뭔가요? 고기가 썩었다고 하지만.
　(고기가 썩은 직접 원인은 무엇인가?)
▶ 우리 당의 최대 문제는 조직력의 결여다.
　(해결해야 하는 결정적인 과제)

▷ Self Training

오늘부터 지하철 속에서도, 회사에서도, 가정에서도, 회의 석상에서도 사람들이 "문제"라는 말을 어떤 식으로 쓰고 있는가를 관찰해 보자. 그리고 문제라고 하는 말의 의미가 다섯 가지 중 어디에 해당하는지를 한번 생각해 보자. 사람들이 서로 다른 정의를 "문제"라는 말에 부여하고 있음을 알게 될 것이다.

[문제의 서로 다른 정의]

① "원인"이라고 불러야 할 때 "문제"라는 말을 사용하는 경우

② "과제"라든가 "도달 희망점"을 "문제"라고 부르는 경우

③ "트러블, 돌발 사고"를 "문제"라고 부르는 경우

④ 개선해야 할 필요성을 안고 있는 부분을 "문제"라고 부르는 경우

⑤ 별 의미 없이 입버릇이 되어 "문제"라는 말을 쓰는 경우

그럼, "문제감지력"이라고 할 때는 위 다섯 가지 중 어느 것일까?

① 원인감지 - 이것은 어색한 것 같다. "원인탐색"이라고 해야 한다.

② 현재의 트러블 감지 - 이것도 "과제인식"이라고 해야 할 것이다.

③ 현재의 트러블 감지 - 트러블 발견이라든가 트러블 발생이라고 하는 편이 적절하다.

④ 개선점 필요성 감지 - 다소 가까운 이미지다.

⑤ 내일의 장애감지 - 내일 틀림없이 발생할 트러블을 느끼고 예지한다.

④, ⑤번째가 공부해야 할 "문제감지" 스킬이다.

※ 문제의 정의

여기서 가장 보편적인 문제의 정의를 소개한다.

이 정의는, 문제 해결을 언급할 때 표현은 다르지만 일치하는 사고다.

말하자면 문제의 정의는 "뺄셈"이다.

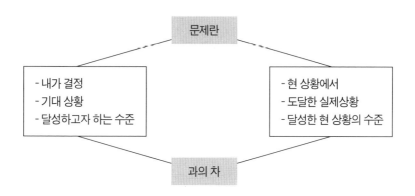

예를 들면, 당신이 매월 10만 원 저축하기로 했다고 하자. 1년에 120만 원 저축을 달성 목표로 하고 있다. 그런데 실제로는 도중에 써 버리고 월 말에는 5만 원 정도밖에 저축이 되지 않는다면, 당신의 문제는?

친구 문제는 당신 문제와 다르다. 즉 "당신이 결정한다"라는 점을 잊지 말자.

2. 문제란 자기가 결정한다

되풀이하지만 사람들은 다음과 같은 패턴으로 문제를 세우고 있다.

▶ 타인이 결정해야 하는 도달 기대 수준에 대하여,

▶ 고민 없이 희망하는 도달 수준을 적용한 후,

▶ 현 상황과 실적 수준과의 차이를 자기 문제로 받아들인다.

타인에 대한 비판은 이 패턴에서 발생한다. 이 사고로는 문제를 해결하기 어렵고, 마음에 상처만 남는다. 이런 사고 패턴은, 타인이 풀어야 할 문제에 부질없이 참견하는 꼴이다. 양해도 구하지 않고 자기가 대행하는 것이므로, 현 상황과 차이가 난다. 또 자기가 달성할 책임이 없으므로 무책임하게 기대 수준을 높게 설정하기 쉽다.

칼럼니스트나 평론가들이 언제나 정의의 편에 설 수 있는 이유가 여기 있다.

주변에서 일어나는 낯익은 사례를 살펴보자.

▶ 연말 이웃돕기 성금은 더 많은 사람이 돈을 내야 한다(기대 수준 90%).
　⇒ 실상은 90% 사람이 관심 없다.
▶ 정부는 더 감세해야 한다(기대 수준 10% 감세).
　⇒ 그러나 세금을 더 많이 걷으려 한다.
▶ 이웃집 부인이 나에게 이야기를 자주 걸고 상냥하게 대해 주어야 한다(기대 수준은 웃는 얼굴과 인사말).
　⇒ 그러나 실제는 잠깐 서서 이야기하는 것조차 외면한다.

이런 패턴으로 생각하면 반드시 나중에는 "문제다, 괘씸하다, 당신이 고쳐라." 하는 식이 된다. 본인 기대 수준을 일방적으로 강요당하는 상대방은 틀림없이 화를 낸다.

또, "혼자 잘난척하지 마. 이쪽 사정은 알지도 못하면서, 멋대로 문제를 일으키고! 이쪽은 이쪽대로 할 말이 있다고!"라고 화를 낸다.

앞의 예로 상대방의 기대 수준을 상상해 보면 다음과 같다.

▶ 이웃돕기라는 일반적 기부 방법보다, 목적이 분명한 행위에 기부하고 싶다(기대 수준은 ○○君 돕기 캠페인 같은 것).

⇒ 현재 연말 이웃돕기 모금은 그것에 합치하지 않는다. 나는 못 본 체하고 지나친다.

▶ 국가 재정수지를 살펴볼 때 현재대로라면 적자가 되고 만다. 수지 상황을 개선하지 않으면 안 된다(기대 수준 세입 130% 이상).

⇒ 그러므로 평판을 각오하고 세금을 올리려 한다.

▶ 이웃집과 교제는 해야 하지만, 여자들끼리 모여서 남 이야기나 일삼아서는 안 된다(기대 수준은 눈인사 정도).

⇒ 그러므로 인사만 하고, 길에 서서 이야기하는 것은 피한다.

이 패턴이 자기 행위에 대한 기대 수준이다. 중요한 것은 스스로 문제를 세우는 일이며, 행동도 하지 않는 사람이 떠들면 가치 없는 평론에 지나지 않는다.

스스로 문제를 세우는 자세가 문제 만들기의 올바른 시작점임을 잊지 말자.

3. 중간 관리자의 선견력

톱 자신이 소망하고 실현을 지시한 테마는 소망이 아니고 조직의 목표다. 중간 관리자가 소망하고 실현하려 결심한 테마도 조직의 목표로 변화시킬 수 있다. 다만 톱의 지시나 허가를 얻기까지 시간이 걸린다. 뜻 있는 사람의 경우, 먼저 시행하는 용기가 있는 사람도 있다.

그러므로, 선견력이라고 할 수 있는 조건으로 다음 다섯 가지를 들 수 있다.

▶ 사람들의 욕구를 먼저 판단한다.

▶ 장래의 필요성을 확신하고 있다.

▶ 단순한 소망에 머물지 않고 구체적 도달목표까지 상정되어 있다.

▶ 노력하면 성공할 수 있는 길이 있다.

▶ 실제로 성공에 도달하고 있다.

다섯 가지 가운데 ① 욕구와 ② 필요성의 확신이라는 두 가지는 어디에서 오는 걸까? 그것은 '사실이 말하는 소리를 듣는다.'라는 능력이다. 이 점을 같이 생각해 보자.

4. 문제감지는 사실 인식부터

문제감지를 잘하기 위한 효과적인 방법은 현장 목소리를 잘 듣는 것이다. 이것은 비즈니스의 철칙이다. 이 장 시작하며 일에 집중만 하고 있으면 나름대로 예견할 수 있다고 했다. 일에 열중하고 있는 한, 그 일에 관한 사실을 누구보다 많이 알고 있다.

누구보다 많은 사실을 알고 있는 사람이 그 분야에서 누구보다도 빨리 문제를 예견할 수 있는 것은 당연하다.

※ 신제품 선점의 그늘에

신제품 개발은 선점과 예견의 승부다. 예견의 배후에는 평소 문제의식과 사실수집이 존재한다. 2008년 금융위기조차도 예견할 수 있었다고, 앞서가는 경영인이 털어놓은 적 있다.

그것은 싫든 좋든 눈에 들어오는 것이다. 사실의 누적 위에.

5. Goal의 구상화가 문제감지력을 높인다

가끔 "끝이 보인다."라든가 "이제 보인다."라는 생각이 들 때가 있다.

대체 무엇이 보인다는 말인가. 그것은 "Goal 상황이 보이는 것"을 의미한다. 즉 현상으로 보인다는 말이며 관념적으로 알고 있는 goal과 다르다.

1) 시나리오 라이팅

장면이 구상화되어 떠오르는 것이 goal 구상화 능력이다. 영화나 연극 시나리오를 쓰는 사람이 아직 보지 못한 공연 장면과 무대를 상상하며 집필하는 것과 같다.

생산량 2배 증가란 어떤 것일까? 5년 후 생산량 배증이라는 goal은 아직 관념의 단계다.

생산량 배증이란 - 생산 기계가 더 신설된다. 낡은 기계가 전부 그대로 남아 있다(스크랩하느냐, 일부 가동하느냐. 이미지는 두 가지다).

또 인원은 어떤가. 스크랩하든 일부 가동하든 낡은 기계 담당자는 무엇을 하고 있는가? 새로운 설비로 종업원의 반은 옮긴다. 나머지 절반은, 보전업무를 하면서 새로운 설비가 고장 나면 낡은 기계를 가동하기 위해, 예전 업무에 종사하게 한다.

공장 넓이는 30% 정도 넓히지 않으면 새로운 기계를 설치하기 어려울 것이고, 만약 넓힌다면 어느 쪽으로 넓혀야 하는가가 문제다. 남쪽이면 연못을 메꿔야 하고, 북쪽이라면 저 든든한 담장을 헐지 않으면 안 된다.

이처럼 구상화하여 그려 보면 제2, 제3의 파급 문제가 눈에 들어온다. 미래 상황을 지금 눈앞에서 보듯이 구체적인 문장으로 묘사해 가는 기법을 시나리오 라이팅법이라 하며, 연구개발 테마탐색이나 장기 사업기획에 활용한다.

2) 목표설정과 선견력의 관계

지금까지 설명으로 어느 정도 이해가 되었으리라 생각한다. 선견력을 터득하려면 미래 goal 상황을 현재 시점에서 구체적으로 상상해 보는 방법은 효과적이다. 미래 goal을 막연히 관념적으로 파악하고 있는 한, 그 goal 시점에 도달할 때까지 아무것도 보이지 않는다. 즉 대책이 서지 않는다. 시나리오를 쓰면 비로소 goal 시점이 눈에 들어온다. 눈에 들어온 상황에 대해 즉시 손을 쓰게 되면, 남보다 훨씬 선견적 행동을 할 수 있다. 또 앞으로 닥칠 위험을 일찍 회피할 방법도 동시에 보인다.

시나리오 라이팅 내용은 결코 한 가지만으로는 그려지지 않는다. 낙관론에 서면 이렇고, 비관론에 서면 저렇고 하는 식으로 미래 계획은 일정한 폭 속에서 변한다. 그러므로 시나리오는 두 가지 또는 세 가지로 그린다.

특히 성과에 직결되는 판매 가격의 상상이나 라이벌 회사와 시장점유율의 상정, 또 세계 환시장의 전망 등, 가까운 장래는 변화가 크기 때문에 적어도 비관과 낙관의 2개 시나리오는 작성해 봐야 한다. 그런 다음 어느 쪽으로 기울어도 행동의 전환을 신속하게 할 수 있는 길을 찾아가야 한다. 이것이 상황 이론의 기초 사고방식이다.

이 장에는 self training을 해 볼 과제가 많다. 어느 것이든 여러분의 일에서도, 가정에서도 도움이 되는 실천적 과제다.

▷ Self Training

달성할 기대 수준을 정량적으로 그려 보자(무리라면 시나리오 라이팅을 해 보면 나온다). 그것도 비판형(타인의 수준 만들기)이 아닌, 자기가 달성해야 할 과제로 설정하고 있는가 아닌가를 체크하는 것이 중요하다.

[조언]

아래와 같은 노트를 만들어, 1주일에 하나씩 만들어 보는 것도 효과적인 training이다.

주	① 달성하고자 하는 사항은 무엇인가 (무엇을)	② 당신의 달성기대 수준은 (어디까지 실현하고 싶은가)	③ 현상의 수준(실적)은 (지금은 어느 정도인가)	④ 문제로 성립하는가 (문제는 성립하는가)
1주 / 부터 / 까지				

▷ Self Training

Goal이 보인다는 스킬을 익히기 위한 self training은, 관념적 목표를 세우면 구상화해 보는 습관을 들이는 것이다.

그러므로 위에 작성한 표의 란 ①, ②의 사항을 시나리오 라이팅 해 보기를 권한다.

[조언]

시나리오 라이팅 요령은,

언제(when), 누가(who), 어디(where), 어느 정도(how), 무엇(what)의 4W 1H의 질문을 사용하면 다면적 이미지가 나와서 시나리오를 쓰기 쉽다.

낙관·비관의 폭이 클 때는 중간을 쓰지 말고 두 가지 정경을 모두 써 본다.

역량 2 정보수집력(사실수집)

정보는 모아서 정리해 두어야 한다. 신문을 스크랩해 보신 분들은 알 수 있을 것이다. '분류해 두지 않은 정보는 필요할 때 요긴하게 사용할 수 없는 쓰레기다.'라는 말을.

정보라는 말을 분석해 보면 아래와 같이 표현할 수 있다.

$$사실(facts) \times 지식(intelligence) = 정보(information)$$

즉, 아무리 사실을 들었어도 그 사실과 관련된 지식이 없는 사람에게는 정보로 작용하지 않으므로 의미 없다.

예를 들면 '우크라이나에 전쟁이 일어났다.'라는 사실을 알았다 해도, 우크라이나로부터 절대량의 식량을 수입하고 있다든가, 교역 관계를 맺고 있지 않은 사람에게는 우크라이나 전쟁이라는 사실이 척 와닿지 않는다.

사실수집에는 정보를 원하는 간절한 마음이 필요하다. 또 어떤 형태로든 실현하려는 목표를 염두에 둔 가설이 필요하다. 가설을 설정하고 있어 모으는 노력을 한다.

※ 정보수집력을 높인다

▶ '사실은 신(神)이다'라는 말이 있다.

사실 앞에서는 불손한 사람도 머리를 숙일 수밖에 없기 때문이다.

▶ 무엇이 사실인가에 대해서는 해석과 사실 사이에 차이가 생기기 쉽다. 사실에는 표지가 붙어 있지 않다.

▶ 숨어 있는 사실을 알아보려면 지혜가 필요하다. 중요한 사실도 고정관념의 그늘에 사장되는 경우가 많다.

1. 정보란 무엇인가

정보를 분석해 보면 다음 셋으로 나눌 수 있다.

1) 사실(facts, 정보의 소재가 되는 그대로의 사실)

사실이란 색깔이 없다. 선도 악도 아니고 있는 그대로 생긴 그대로다. 만인의 눈에 띄는 사실도 있는가 하면, 누구 한 사람 알아차리지 못한 채 가만히 있는 사실도 있다. 아무도 알아차리지 못하는 경우, 그 시점에서 그 사실은 숨겨져 있어 없는 것과 같다. 그러나 있는 것에는 변함없다.

사실에는 반드시 객관적 증거가 있다. 그것이 완전한 사실인가 아니면 해석이나 판단이 가미된 사실의 판단인가를 식별하는 능력을 익혀 두는 것은 문제의 올바른 파악에 중요하다.

또 사실과 유사한 것으로 데이터가 있다. 정량화한 사실을 데이터라고 한다면 데이터는 확실히 사실을 증명하는 하나의 방법이다.

일급품 수율이 90%라는 말은 10%의 불량품이 발생했다는 사실을 의미한다. 그러나 잘 생각해 보면 검사자의 눈이 100개의 제품 중 10개를 불량박스에 분류하였다라는 것이 사실이며, 정말로 불량품인가는 아직 알 수 없는 일이다. 하물며 어떤 불량품이 생겼는가에 대한 내용도 없다. 그러므로 데이터는 사실의 모임인 것 같으면서도 사실 자체를 나타내지 않는다.

좋은 정보를 얻기 위해서는 사실을 많이 가져야 한다는 점을 명심하자.

2) 지식(intelligence, 소재를 정보화하기 위한)

"사실" 그 자체는 사람에게 어떤 의미도 주지 못한다. 사실에 어떤 지식을 가미시켜 해석했을 때 비로소 사실이 정보로 변한다. 정보란, 사실에 지식이 가미된 것이다.

텔레비전 신문 등의 보도를 볼 때마다, 어떤 사실을 어떤 지식으로 가공한 것인가를 분석해 보면 의외로 재미있는 지적 게임을 할 수 있다.

3) 정보(information)

사실·지식·정보를 섞어서 모두 정보라고 부르는 습관이 있다.

정보라는 용어가 어떤 경우에 사용되는가를 조사해 보자.

(1) 정보기관 - 경쟁 국가의 특정 분야에 대한 강점·약점의 현황, 장래의 의도까지를 판단하기 위하여 사실을 수집, 분석한다(사실과 해석과 소문까지도 포함하여).

(2) 정보전 - 상대의 전략·전술을 간파하기 위한 정보수집과 해석의 싸움을 가리킨다.

(3) 정보화 사회 - 같은 종류의 해석이 전해져 가치판단이 획일화되기 쉬운 상태다.

정보 = 매스컴 정보라는 이미지가 더 크다.

(4) 정보 시스템 - 일반적으로 머리에 떠오르는 것은 데이터 가공 시스템이다.

여기서 예제를 하나 풀어보자. ① 사실 ② 지식 ③ 정보의 세 가지를 구분하는 능력을 익히려 한다.

▷ **Self Training**

문장을 분석하여 아래의 표에 ① 사실 ② 지식 ③ 정보의 3요소로 분해하여 정리해 보자.

분석 요소 / 예제 No.	① 생생한 사실은 무엇인가	② 사실을 가공하는 지식으로 무엇이 사용되었는가	③ 사실과 지식을 조합하여 어떤 정보를 얻었는가
예. 어떤 사건의 목격자 기억	1. 흰 벽이 보였다. 2. 젊은 여성의 목소리 3. 알코올 냄새가 났다. 4. 흰 모자가 보였다.	- 흰 모자는 어떤 여성이 쓰는가의 지식 - 흰 벽의 색은 보통 어떤 장소에 많은가 - 알코올의 사용 목적	a. 범행 장소는 아마 병원이었을 것이다.
ⓐ 전기 자동차의 기사에서			
ⓑ chat GPT에서			

앞에서 예로든 ⓐ, ⓑ 두 가지의 내용은 모두 다 정보성립의 3가지 조건으로, 연습문제로는 쉬운 문장은 아니다. 충실히 설문에 도전한 사람이라도 어떻게 분석할까 고민한 곳이 있을 것이다.

2. 사실의 질과 양이 선견력을 좌우한다

정보란 지식에 의해 가공된 사실의 해석이라고 앞서 설명하였다. 선견력을 높이려면 아무래도 사실수집에 노력해야 한다는 것을 이해할 수 있을 것이다.

어떻게 하면 우리가 사실을 풍부하고도 효율적으로 수집할 수 있는가.
- 알고 있는 사실이 빈약하면 그만큼 선견력은 떨어진다.
- 알고 있는 사실이라도 그 중요성을 모르면 처음부터 모르는 것과 같다.

3. 다면적으로 사실을 수집한다

비즈니스를 다면화하려 한다. 사업이 될 수 있는 것이면 받아들이려 한다. 또 지역에 한하는 것이 아니고 곡물 전문, 쇠고기 전문, 면 전문, 수산물 전문을 하는 식으로 한정하는 경우는, 그 분야에 관해서 세계를 하나의 대상으로 보는 360도의 정보수집이 필요하다.

최근 전기차 메이저의 이야기를 쉽게 접할 수 있다. 그들은 분야를 한정한 회사들이다. 또 곡물 메이저의 이야기를 텔레비전이나 잡지에서 본 사람도 있을 것이다. 그들은 기상관측부터 시작하여 방대한 사실정보를 모은다. 사실정보의 다면성을 유지하는 방법으로는 주간지나 월간지 전문잡지, 자신의 관찰기록, 현지에서 직접 관찰된 보고서가 있다. 요즘은 IT를 활용한 빅데이터를 사용한다.

4. 관점을 고정하고 변화를 조사한다(정점관측)

사실이란 특정 시점에서 단발로 캐치하면 효과 있는 정보를 제공해 주지 않는다. 그러므로 시간의 흐름에 따라 몇 번씩 같은 포인트에서 사실을 조사한다. 즉 정점관측이 필요하다. 정점에서 몇 번 관찰하니 비로소 거기에서 얻어진 사실이 변화의 징조를 보여 준다.

비즈니스를 할 때 어떤 연구고안을 하고 있는가? 변화를 파악하려고 평소 하고 있는 정점관측의 예를 생각해 내고 아래의 칸에 적어 보자.

당신의 (인생 · 비즈니스)에서 정점관측의 예를 드시오.
(목적은? 관측 장소는? 관측 빈도는?)

1. _____
2. _____
3. _____

새삼스럽게 이런 질문을 받으면 당황할지도 모른다. 그러나 이것저것 상기해 보면 의외로 실천하고 있는 것이 많음을 깨달을 수 있다.

[정점관측의 예]

전국에 지점을 둔 회사라면 지점별 매출실적 그래프를 작성하고 있을 것이다. 정점관측이라고 할 수 있다. 즉 정점관측이란, 정보원을 고정하고 거기에서 사실 데이터를 정기적으로 취하는 것을 말한다.

정기적인 영업실적 발표 회의도 정점관측 회의라고 할 수 있다. 정보원을 하나에 고정하고 거기서 나타나는 변화를 파악하는 것이 정점관측이다.

여러분 직장이 만약 생산공장이라면 틀림없이 생산현황을 알기 위한 계측기가 온도, 압력, 유량 등을 측정하고 있을 것이다. 이것도 정점관측이다. 계측기는 제조 프로세스의 특정 개소를 계속 측정하고 있어서 이상을 예견하는 데 공헌하고 있다. 만약 측정 개소를 끊임없이 이동시킨다면 정보원으로는 의미가 없다. 이 같은 사례는 주위에서 얼마든지 발견할 수 있다.

빅데이터를 활용한 고도의 정점관측법이 시장조사와 경기예측에 사용되고 있다. 지금은 표면에 나타나 있지 않지만 몇 년 후에 사회 각 방면에 보일 것으로 생각되는 수요를 중시하여 여러 가지 미래 예측기법을 사용한다. 어떻게 하면 니즈를 파악할 수 있을까를 연구하고 있다. 빅데이터는 정보를 수집하고 변화를 알려 준다. 연대별, 남녀별, 직업별, 학력별, 지역별, 분야별로 정기적으로 광범위한 정보를 수집하고 있다.

5. 한 가지 일을 여러 번 질문한다

정점관측은 관측점에서 얻어지는 사실정보를 바탕으로 변화를 예측하는 기법이다.

이것에 비하여 한 가지 일을 여러 번 질문하여 조사하는 방법은 목표가 약간 다르다. 예를 들면 새 상품의 욕구 변화 등의 포인트는 우선 하나로 집약한다. 한 가지 상품에 대해 여러 사람을 만나 질문한다. 관심 포인트에 대해 상세하게 파고들 수 있는 사실수집 기법이다.

이 방법의 전형적 응용사례는 구매동기 조사다. 고객을 계층별로 나누고 구체적인 질문을 한다. 이 상품이 앞으로도 잘 팔린다면 사는 사람은 이런 타입의 이런 특징이 있는 사람이다. '그 상품이 계속 팔리는 본질적 포인트는 틀림없이 이것이다.'라는 식으로 법칙을 찾는다.

향후 사업에 대한 하나의 예견이며 영업전략, 상품개발의 힌트도 여기서 얻는다.

6. 한 곳을 깊이 파고들어 내면을 조사한다

일사 다층 조사를 더욱 철저히 하여 모델을 한 사람으로 생각하고 깊이 파고드는 방법이다.

통계적으로 많은 사람이 지지한다고 그 사실이 뛰어난 예견과 연결된다는 보장은 없다. 그것보다는 미래를 예견한다는 점에서 볼 때 언제나 시대를 선점하는 특정한 사람의 행동을 연구하는 편이 효과적일지도 모른다. 여고생의 앙케트를 집계했다고 해서, 여고생이라는 층을 정서적 레벨에서 깊게 파악할 수 있는가는 의문이다. 그보다는 한 사람의 여고생을 세밀히 추적하는 편이 보다 깊이 있는 연구가 될 수도 있다.

하나의 사실로 보편적인 사항을 배울 수 있다는 것을 느낀 사람은 많다. 사실을 수집할 때 질 나쁜 사실을 수없이 수집하여 처리에 어려움을 겪기보다, 질 좋은 사실을 깊이 생각하고 음미하는 편이 낫다. 이때 어려운 점은 어떤 것이 질 좋은 사실인가를 식별하고 문제감지와 사실수집 방향을 매치시키는 것이다.

패션 동향을 예견하기 위해서는 극소수 앞서가는 사람들의 복장 변화에 끊임없이 주목하지 않으면 안 된다.

또 다른 예를 들면 일부 엘리트가 선점하고 있는 취미나 프로의 세계에서만 통용되고 있는 기술이 머지않아 일반화되는 것도 있다. 골프, 테니스, 스키, 서핑, 요트 등도 일부 특수층에서 시작하여 점차 확산한 것들이다.

7. 정보의 질을 높이는 4W 1H 질문

몇 가지 사실수집 기법을 소개하였다. 다음과 같은 사실 조사원을 언급했다.

① 정보란 사실이라는 소재를 지식으로 가공한 일종의 판단이다.
② 판단을 적기에 하려면 사실을 선점해야 한다. 늦으면 선견이 아니다.
③ 어디에서 사실을 얻는가가 중요하다. 360도의 유연성 있는 수집이 이상적이다(어디에서 사실을 얻는가 - where의 법칙).
④ 언제, 몇 번 같은 장소에서 정보를 얻어 변화를 아는가 - 정점관측에서 시간차 사실 채취가 중요하다(언제 얻는가 - when의 법칙).
⑤ 누구한테 질 좋은 사실을 얻는가. 다수, 다층인가(who의 법칙).

※ 정량화도 중요하다

정보의 질을 높이는 질문이 하나 더 있다. "어느 정도, How much, How many"라는 질문이다. 다름 아닌 정량화다. 가정용 로봇이 곧 완성될 것 같다고 해도 가정용 로봇에 대한 사람들의 이미지는 여러 가지다. 부엌에서 식기세척기를 씻는 정도인가, 사용자의 의사를 입력하면 스스로 처리하는 걷는 로봇 정도인가. 어느 정도라는 질문에 따라 모호한 개념이 명확하게 된다.

무엇이(What) - 어느 정도(How much)

언제(When) - 어느 정도(How much)

어디가(Where) - 어느 정도(How much)

누가(Who) - 어느 정도(How much)

역량 3 상황추리력(가설 만들기)

　정보수집력과 표리 관계에 있는 것이 "사실에 주목하여 가설을 세운다."라고 하는 능력이다. 흔히 "저 사람은 판단이 빠르다." 하는 선견력의 중요한 열쇠 가운데 하나가 이 능력이다. 언뜻 보기에 아무 맥락도 없이 흩어진 사실로 보이지만, 가만히 들여다보면 사실들이 이야기하는 소리를 들을 수 있다. 거기에서 하나의 이야기를 떠올릴 수 있다.

　이것이 곧 상황추리력이다.

　완벽할 정도로 사실이 갖추어지지 않으면 가설을 세우려 하지 않는 사람을 보게 되는데, 그렇게 한다면 가설은 나오지 않는다. 어떤 제한된 상황과 사실만으로 다채로운 가설을 세울 수 있는 용기가 필요하다.

　중요한 것은, 아주 작은 사실일지라도 그것을 이용하여 많은 가설을 세우는 것이다. 물론 사실을 많이 모으는 노력이 필요함은 말할 필요도 없다. 이렇게 세운 가설 중에서 어느 것이 바른 가설인가를 입증하는 또 하나의 사실을 찾아내는 것, 이것이 다음 주제인 논리와 사실에 의한 논리사고력(가설검증)이다.

※ 상황추리력을 높인다

▶ 상황을 판단할 때 뭔가 단서가 있어야 한다. 단서는 객관적 사실 외에 기댈 곳이 없다.

▶ 마음을 비우고 사실을 바라보면 보인다. 사실이 말하는 소리 없는

소리를 알아들으려면 사심을 버려야 한다. 보이는 대로 볼 줄 알아
야 한다.

▶ 지식을 빼고 사실을 정보화할 수는 없지만, 지식에 너무 구애되면
당장 추리의 거울이 흐려진다. 지식이 필요할 때가 있고, 지식을 사
용하지 말아야 할 때가 있다.

1. 상황추리력이란(가설 만들기)

상황추리란 한마디로 가설 만들기다. 숨겨져 있는 어떤 상황을 이미
보고 있는 것처럼 표현하는 것을 말한다. '그 문제의 발생에는 틀림없이
이런 원인이 작용하고 있을 것이다.'라고 하는 "원인가설"도 상황추리다.
'이 우주에는, 인류가 깨닫지 못하지만 이런 현상이 생기기 시작했다.'라
는 "현상가설"도 상황추리다. 가설의 실마리는 무엇이든 상관없지만 사
실이 실마리가 된다. 어떤 사실에서 결론을 유도하는 것을 귀납적 사고
라고 하는데, 그 사고조작이 상황추리 프로세스다.

예를 들어 생각해 보자.

사실 1 - 방에 아이가 기어다니고 있다.
사실 2 - 방 중앙에 불이 붙은 석유난로가 놓여 있다.
사실 3 - 방에는 아이 외에 아무도 없다.

세 가지의 사실에서 어떤 가설을 세울까? 몇 개의 가설이 성립하는가?
(적어 보자)

또, 위 세 가지 사실 외에

사실 4 - 그 아이는 울고 있고 이마에 붉고 큰 반점이 나 있다.

이런 경우에 여러분은 틀림없이 어떤 원인가설을 세울 것이다. 심하게 울고 있는 원인을 몇 가지 생각할 수 있다.

또 위 사실에서 아이 엄마에 대하여 어떤 "현상가설"을 세울 수도 있다. 몇 개의 가설이 성립하는가?

여기서 "미래가설", "원인가설", "현상가설"은 편의상 쓰기로 한 단어다. 가설(상황추리)은 크게 이 세 가지의 상황으로 나뉜다.

그러면 아이의 예로 돌아가 당신이 작성한 노트와 대조해 보자.

※ 당신의 "미래가설"은 아래 어느 것인가?

▶ 아이는 곧 화상을 입을 것이다.

▶ 아이는 본능적으로 난로를 피하여 잘 기어다닐 것이다.

▶ 어머니가 서둘러 돌아와서 난로에서 아이를 떼어 놓을 것이다.

※ 당신의 "원인가설"은 아래 어느 것인가?

▶ 아이는 기어다니다 이마를 난로에 부딪치고 화상을 입어 울고 있다.

▶ 아이는 어머니가 갑자기 없어졌기 때문에 울고 있다.

※ 당신이 생각하는 아이 어머니에 대한 "현상가설"은 어느 것인가?

▶ 어머니는 조금 전까지 아이와 방에 있었을 것이다. 물건 배달원이 잠깐 불러내어, 무심코 아이를 방에 혼자 놔둔 채 나갔을 것이다(화장실에 갔을지도 모른다).

▶ 충격적인 사건이 일어나 어머니가 방을 뛰쳐나갔다고 생각된다. 왜냐하면, 난로가 있는 방에 아이를 혼자 두는 것은 어머니의 행동으로 이해가 안 가기 때문이다. 보통의 용무라면 아이를 안고 나갔을 것이다.

▶ 아이 엄마는 부재중이며, 대신 누군가(아이의 누나, 아빠, 어머니의 자매)가 아이를 보고 있었던 것이 아닐까. 아이를 보다 용무가 있어 방을 나갔을 것이다.

※ 이 연습은 다음과 같은 "상황추리에 관한 법칙"을 우리에게 알려 준다

▶ 질 좋은 사실의 양이 많아질수록 가설은 정답에 가깝게 집약된다. 예를 들면 아이의 이마에 있는 붉은 반점의 관찰 결과가 하나 더 보태지면 원인가설은 좁혀진다.

▶ 현상가설은 추론자가 지닌 지식에 따라 변한다. 예를 들면, 아이 엄마에 대한 상황추리에서 친엄마라면 당연히 본능적으로 아이를 안고 나갈 것이라는 전제에서 돌발 사건설이 나온다. 물론 화장실 같은 반대 발상이 나올 수도 있다.

▶ 미래가설은 같은 사실 조합이라도 사람에 따라 차이가 난다. 상황을 상상하는 능력이 사람에 따라 다르기 때문이다.

▶ 몇 가지가 아이의 신상에 일어날 수 있는가? 하는 판단은 단순한 관

념이 아니라 상상력이다. 결론적으로 화상은 입었는가, 입지 않았는가, 아슬아슬하게 위기를 모면하였는가의 경우밖에 없다는 논리적 사고조작이 작용하고 있다.

▶ 사실이라고 해도, 정확한 사실과 추상적 표현 사실과는 전달되는 정보의 내용이 다르다. 따라서 가설도 변한다. 예를 들면, 붉고 큰 반점이라는 것은 추상적 표현이지 정확한 사실이 아니다. 잘 관찰한 뒤에 표현하면 피부가 3㎝ 정도의 붉은 원형으로 변색하고 표면에 쭈글쭈글한 주름이 나 있다고 표현하는 것이 맞다.

▶ 사실과 사실을 연결하는 상황의 경과는 시계열적으로 이야기한다. 바로 스토리다. 스토리를 만들기 위해서 자기가 가진 지식을 잘 활용해야 한다. 예를 들면, 아이가 기어다니는 모양, 손과 이마의 관계, 난로와 몸통의 뜨거운 정도 같은 지식이 존재한다. 즉 가설은 당신이 사실을 가공하여 만든 정보다.

2. 귀납적 사고와 연역적 사고의 상호작용

만약 아이가 울고 있다는 것 외에 사실이 부족한 상태에서 가설을 세운다면, 곧바로 연역 사고로 들어가는 방법밖에 없다.

아이가 우는 것은 울만한 원인이 있었기 때문이다. 우는 원인으로 생각할 수 있는 것은 아픔이나 불안이다. 아픔이라면 타박상이거나, 화상이거나, 무엇엔가 베였거나 복통일 것이다.

화상이라면 열원이 있을 것이고, 상처가 새로 났을 터이니 사실 검증에 들어간다.

즉, 연역적 추리로 바로 들어갔을 것이다. 지금까지 축적한 일반적 지식과 로직만을 써서 사고가 시작된다.

한편, 미래가설과 현상가설에서는, 아무런 사실 파악도 없이 가설을 세우기 어렵다.

만유인력이라는 현상가설을 세운 뉴턴은 매일 물건이 떨어지는 사실 상황을 보았다. 아인슈타인이 상대성이론에 도달할 때까지는 여러 가지 귀납과 연역을 거듭한 고전 물리적 가설이 있었다. 고전 물리학으로는 논증할 수 없는 현상에 파고든 새로운 가설로 상대성이론이 탄생한 것이다. UFO 가설도 알 수 없는 사실 현상이 먼저 존재하고 그 사실을 잇는 스토리를 찾아서 사람의 지혜가 세운 현상가설의 하나다.

귀납적 사고 즉, 사실이 이야기하는 소리에 무심히 귀 기울이는 것이 중요하다. 어떤 식으로 사실을 파악하는가에 대해서는 앞 장에서 언급하였으므로, 이후로는 계속하여 어떻게 사실을 무심히 읽는가, 어떤 식으로 사실을 정리하고 보기 쉽게 하는가에 대하여 설명한다.

3. 사실과 사실 사이를 읽는다

추리의 추(推)는, 사실의 부족 부분을 읽는 것을 의미한다. 사실이 충분히 갖추어진 후에 읽어서는 남에게 뒤진다. 지나치게 부족해도 추론이 여러 갈래로 나뉘므로 가설이 과다하게 성립한다. 사실의 양과 다면적 수집이 중요하다. 사실 부족을 재빨리 보완하는 것이 예측기법이다. 사실을 읽을 때는 머뭇거리며 읽는 것이 아니라 대담하게 읽고, 부족을 후에 보완한다.

기술 분야의 사람은 사실이 부족한 부분에 신경 쓰는 사람이 많아, 대담한 가설을 세우기를 주저하는 경향이 있다. 사무 분야의 사람은 대담하게 가설을 세우는 용기는 있지만, 반면에 복수의 가설이 서야 할 곳에서도 하나의 가설로 끝내 버리는 경향이 있다. 물론 기술 분야, 사무 분야라는 것은 비유적 표현이며, 개인의 성격 탓인지도 모르지만, 원인을 평소 업무태도에서 찾아보면 다음 같은 이유를 생각해 볼 수 있다.

[기술]

가설을 세우기 전에 사실을 충분히 수집하면 검증도 잘한다. 기술 분야 종사자는 업무 성격상 검증 습관이 몸에 붙었다. 가설을 세우는 데 충분히 사실이 갖추어지지 않는 것이 마음에 걸려, 좀처럼 대담하게 가설을 세우지 못한다.

[사무]

평소, 상황 대응 업무가 많고 가설검증 따위를 하지 않은 채, 대책에 착수하는 업무태도에 익숙하다. 그러므로 가설설정의 치밀성이 부족하다.

결국 단계별 사고를 철저히 하지 못한 습관 때문에 일어나는 결함이다. 단계별 사고를 잘하는 것이란 다음 3단계다.

▶ 사실을 수집할 때 담담한 마음으로 그 일에만 열중한다. 사실을 수집하는 도중에 가설을 세우고 싶지만, 유혹에 빠지지 않고 모으는 일에만 열중한다.

▶ 사실을 막연히 바라보고 있어도 가설은 나오지 않는다. 사실과 사실 사이를 읽으려면 우선 한정된 수(3개 이내라든가)의 사실을 골라내지 않으면 안 된다.

▶ 사실을 읽을 때 몇 개의 가설이 조기에 짐작되더라도 끝까지 읽는다. 이 단계에서 자기도 모르게 가설이 설 때마다 "그것은 틀려요." 하는 식의 평가를 하고 싶은 유혹에 이끌린다. 꾹 참고 논리와 상상력을 구사하여 가설의 누락을 방지한다.

가설을 음미하고 검증하고 집약하는 단계를 밟아야 비로소 가설을 평가하고 척척 정리할 수 있다. 이 단계가 중요한 것은 가설을 입증하는 부족한 사실을 찾아보는 관점이 정해진다는 점이다. 가설설정은 바로 사실 조사를 위해 있다고 해도 좋다. 생각해 보면 가설은 대담하게 할 수 있는 한 많이 세워야 하는 것임을 알 수 있다.

그러면 가설 만들기의 연습을 해 보자.

[연습문제]
▶ 사실군
흰옷을 입은 젊은 여성이 있었다.
알코올 냄새가 났다.
유리그릇이 소리를 내고 있었다.

▶ 그곳은 어떤 장소인가?

▶ 당신의 가설은?

4. 사실을 읽기 쉽게 정리한다

사실과 사실 사이를 읽으려면 막연히 생각해서는 안 된다. 사실은 소리 없는 소리를 간직하고 있으므로 그 소리를 듣기 위해서 시각화가 필요하다. 즉 무엇인가 눈에 보이는 모양으로 사실을 구상화해야 한다. 마치 달리는 기차 안에서 창문 밖 경치를 바라보듯, 잇따라 눈에 넣고 또 즉시 잊어버리고 만다. 그러므로 사실은 우리에게 아무것도 이야기해 주지 않는다.

서 있는 기차의 창에서 보는 바깥 풍경은 많은 정보를 제공한다. 손에 넣는 사실의 종류와 수는 기차가 달리고 있을 때가 훨씬 많다.

그러면 몇 개의 원칙으로 구분하여 당신의 상황추리력을 높이는 사실 정리법을 소개한다.

1) 사실의 위치 관계를 보기 쉽게 한다(where의 원칙)

소위 도면화다. 도표화가 아니다(도표화에 대해서는 나중에 언급하겠지만, 거기에 숫자라는 추상화된 사실이 또 들어오게 되므로 사실을 직접 시각화하는 것과 다르다).

도면화는 시각화다. 사실들만으로는 서로의 위치 관계를 알 수 없다. 도면화는 그것을 눈에 보이는 모양으로 구상화하는 방법이다.

마치 풍자만화를 바라보면서 이것저것 수다를 떠는 어린 학생들처럼,

분별 있는 체하는 어른들도 이런 도면 앞에 서면 와자지껄하게 자기가 생각해 낸 것을 이야기하게 된다. 사실과 사실 사이에 숨겨진 보이지 않는 사실을 읽는다. 아직 일어나지 않았지만, 조금씩 접근하고, 뭔가를 예견할 때, 사람의 두뇌 작용의 양상은 이처럼 어린 학생들의 와자지껄함에 가까운 것이 아닐까?

2) 시간에 따른 변화 경향을 본다(when의 원칙)

변화를 관찰할 때는 2매의 map이 지금과 내일이라든가, 1개월 전과 지금이라는 모양이 필요하다. 일정 시점에서 사실을 한 번 보고, 다음 어느 시점에서 같은 사실을 또 본다. 거기에 하나의 경향이 형성된다.

시간의 원칙은 트렌드를 보는 것이며 시계열 분석이 여기서 등장한다. 사실을 시계열로 보기 쉽게 하려면 세로축, 가로축의 2차원 그래프가 사용된다. 가로축이 시간의 흐름, 세로축은 조사목적에 따라 선정되는 항목이다.

a. 시계열의 경향선을 보는 예측

지금까지 경향이 이러하므로 앞으로도 같은 경향으로 변화할 것이라는 뜻이다. 그중에서 대표적인 경향을 다음에 소개한다. 먼저 직선에 의한 추정부터 시작해 본다.

직선에 의한 경향 예측은 흔히 장기 수요예측, 매출예측에서 볼 수 있다. 이것은 안정성장형 상품시장의 경우는 효과적이지만, 라이프 사이클이 짧은 상품에서는 피크에 주의해야 한다. 차라리 성장곡선이나 쇠

퇴곡선으로 표현하는 것이 좋다.

중요한 것은 트렌드를 눈에 보이는 모양의 선으로 긋고 지금 어디쯤인 가를 주의 깊게 바라보고 이번에는 이쯤에 도달하겠군! 혹시 하강곡선 을 그리는 전조가 아닐까? 하는 식으로 읽어 가는 것이 경향에 의한 예 측이다.

기술예측 등에서는 성장곡선에 의한 예측 그래프를 제품과 기술의 진 보와 연결하여 관찰하는 일을 한다.

3) 2개 이상의 사실을 짝지어 공통점을 찾는다(why와 what의 원칙)

Who의 원칙은 사람의 나이와 팔리는 상품군과의 상관이 있음을 겨 냥하고 먼저 나이별로 인원수가 어떻게 변화하는가를 조사한다. 이 방 법은 하나의 사실과 다른 사실 사이에 관련성은 없는가, 있다면 어떤 관 련이 있는가를 찾아내기 위하여 '왜 그 상품이 잘 팔리는가?'라는 질문을 하는 방법이다.

그것도 하나의 상품만으로는 법칙성이 없으므로 여러 가지 상품을 조 합하여 상품 A도 잘 팔리고 상품 B도 잘 팔린다. '그 이유는 무엇인가?' 하고 묻는 것이다. 이것을 공통점 찾기라고 한다.

왜 지금 의류가 팔리지 않는가. 왜 지금 소주가 잘 안 팔리는가. 둘 사 이에 공통 인자가 작용하는가를 조사하는 데 사용한다. 그리고 일정한 비율을 써서 상품을 구분하고 그룹핑한다.

우리 회사 성장상품과 다른 회사의 성장상품이 다르기도 하고, 일치하 는 경우도 있다. 그 이유는 무엇일까? 그리고 사람들이 본질적으로

- 무엇을 사는가와 같은 사실을 판독하는 것이다.
- 이유는
- 본질적인 무엇이 공통으로 작용하고 있다고 보는가.

하나의 상품이 완성되면 그 상품의 특성을 분석하여 무엇이 사람의 구매욕을 일으키는 포인트인가를 파악하고 그것을 어필한다. 구매 고객의 특성을 분석하여 구매동기를 파악해 보고, 왜 잘 팔리는가를 가설한다. 이때 판매 방법을 개선하는 등 여러 가지 마케팅 전략이 비로소 나온다.

왜, 무엇을, 어디(장소위치 관계분석)에, 언제(시계열, 트렌드 분석), 누구(사람별, 고객별, 연대별 분석)의 5W의 질문이 사실과 사실 사이의 숨겨진 니즈를 읽고, 숨겨진 상대방 의도를 간파하는 데 역할한다.

「전략과 선견력」이 사실수집과 사실판단에 할애된 이유도 이러한 맥락이다.

수요예측에 대한 설명이 다소 길어졌지만, why(왜)와 what(무엇)의 사고방법은 선견·예측에 여러 가지로 응용할 수 있다.

역량 4 논리사고력(가설검증)

　　몇 개의 사실을 써서 추론한 상황이 바른 가설인가, 틀린 가설인가를 식별하기 위해 가설집약이 필요하다. 그러기 위해 사용되는 것이 논리사고력이다. 네 가지였던 사실이 다섯 가지로, 다시 여섯 가지로 증가하면 추론도 정확도가 증가한다. 어느 사실과도 모순되지 않는 가설이 바른 추론이라 할 수 있다. 과학자는 이와 같은 지적 조작을 한다.

　　뉴턴은 사과가 떨어지는 사실을 실마리로 해서 만유인력의 가설을 세웠고, 입증하기 위하여 여러 가지 낙하물의 낙하 속도를 측정하였다. 아인슈타인은 종전의 고전 물리 법칙으로는 도저히 풀 수 없는 현상을 설명하는 가설로 "상대성원리"를 생각해 내었고, 후배 과학자는 실험을 통해 입증했다.

※ 논리적인 사고로 가설의 검증력을 높인다

▶ 가설을 세우고 극소수의 가설로 집약하는 일이다.

▶ 가설검증은 치밀한 논리, 풍부한 상황 상상력과 예리한 관찰력이 필요하다.

1. 가설검증이란 무엇인가

1) 부족한 사실을 찾는다

사실과 사실 사이를 읽는다는 것은 가설 세우기의 가장 중요한 부분이다. 이미 입수한 사실을 조합하여 여기에 하나 더, A라는 사실이 더해지면 A'라는 가설이 성립된다. A가 아니라, B라는 사실이 있다면 B'의 가설로 변한다. 이 경우에는 가설을 설정해야 한다. 그런데 가설 A'이 옳은가, B'이 옳은가가 나뉘는 것은 ① A라는 사실만이 발견되었을 때, ② B라는 사실만이 발견되었을 때, ③ A·B 둘 다 발견되었을 때, ④ A·B 둘 다 발견되지 않았을 때 이 네 가지다. ③과 ④는 새로운 가설이 필요하다.

즉, 가설을 입증하는 가장 적절한 방법은 가설성립에 필요한 부족 사실에 착안하고 그것을 찾는다는 탐색이다. 탐색은 특별조사나, 실험으로 또 하나의 사실을 알아낸다.

2) 논리의 정확성을 재검토한다

잘 생각해 보면 부족한 사실이 발견되었다 해도, 가설을 구성하고 있는 본래 논리가 잘못되어 있다면 이야기가 되지 않는다. 부족한 사실을 찾기에 앞서 우선 세운 가설의 논리적 정확성을 음미해 둘 필요가 있다. 이것이 귀납적 사고에서 연역적 사고로 이행하는 창조적 사고의 묘미다.

이상 두 가지 가설검증법을 다음과 같이 부르기로 하자.

[논리에 의한 검증]

움직일 수 없는 바탕이 되는 사실을 써서 논리의 정확성을 음미한다.

[사실에 의한 검증]

가설의 논리가 정확한 경우에는 틀림없이 존재할 부족한 사실을 조사하여 입증한다.

2. 새로운 사실에 의해 검증한다

논리에 의한 검증 관문을 통과한 남은 가설은 하나만이 아니다. 어느 것이 옳은가? 새로운 사실을 조사, 관찰하여 굳혀 가야 한다.

또 살아남은 가설이 오직 하나가 되었어도 그것은 결국 아직 가설일 뿐이다.

새로운 사실을 찾아 가설을 굳히지 않으면 안 된다.

만약 그 가설이 옳다면 반드시 ○○○와 같은 사실이 어디엔가 있을 것이므로 그것에 주목해 보자고 하는 것이 사실에 의한 검증인 것이다. 즉 놓치고 있는 사실, 추론으로 보완하고 있지만 실은 부족한 사실을 실제로 더 찾아보자는 말이다.

예측을 위한 조사는 이런 형태로 시행될 때 비로소 남보다 앞서 일을 밀고 나가는 힘이 생긴다.

일찍 예측가설을 세우기 때문에 빨리 실증하려고 특정한 사실을 힘써 찾는다. 그러므로 빨리 그 사실을 발견하며 놓치지 않는다.

이것이 사실탐색의 좋은 순환 사이클이며 선견력의 비밀이다. 빨리 예측가설을 세우기 위해서는 단서가 되는 사실을 되도록 많이, 넓게, 계속하여 포착하지 않으면 남보다 뒤진다. 사실수집 능력의 중요성이 다시 확인된다.

4장

창조의 시작
욕구 · 기능 · 수요의 구분
- 창조력(개선력)

선견력과 문제감지력이란 미래 위험을 알아차리기 위함이다. 아직 발생하지 않은 문제를 감지하는 능력이다. 이것에 비해 이미 발생한 문제를 해결하는 능력이 자주 요구된다. 이것이 곧 문제해결력이다. 문제해결력은 두 가지다.

하나는 실제 발생한 문제의 원인을 찾아 제거함으로써 해결하는 방법인데, 흔히 말하는 트러블슈팅(Trouble Shooting)이 이에 해당한다.

다른 하나는 아직 실현되지 않은 과제를 연구하여 예방하는 방법이다. 이것은 원인만을 찾는 것이 아니라 실현하려고 하는 기능이 무엇인가를 연구하여, 그 기능을 충족하는 아이디어에 집중하는 것인데, 거기에는 당연히 신규성, 창조성이 요구된다.

1. 창조력이란 무엇인가

창조라는 말은 혼자 힘으로 처음으로 생각해 내거나 만들어 냄. 즉, 혼자서 누구의 가르침도 받지 않고 무엇인가를 시작한다는 의미다. 여기서 "혼자서"라는 것은 인원수만을 의미하는 것이 아니고 "독특한"이라는 다른 사람과의 차별성, 신규성을 나타내는 뉘앙스가 더 크다. 따라서 독자성 있는 창조라고 해 두자. 독자성이란 남과 자기를 구별한다는 의미다.

남이 창조한 것에 비하여 차별성이 있고 독특하다는 의미다. 특허법에서는 특허성이 있고 없고를 보는 견해로 신규성 유무를 따지는데 같은 뉘앙스다. 즉, 유사하거나 같은 것이 없다는 정의다.

한편 창조라는 말은 어떻게 정의되는가. 처음으로 만든다. 이제까지 없던 신규의 아웃풋을 낳는 것이다.

이때 아웃풋이란 물건이나 기술, 문장, 소리, 그림 등을 의미한다. 패션의 디자인도 그림으로 표현되고, 재단되고, 봉제 된 의복의 형태로 창조된 출력물이다. 노하우의 일종으로 기록으로 제자에게 전수할 수 있는 형태로 존재한다.

아직 형태가 없이 아이디어 단계에 있다든가 꿈이나 소망 상태의 것은 창조되었다고 할 수 없다.

창조라고 해서 온전히 신규가 아니면 안 되는가? 이 세상에 온전히 신규인 아웃풋은 눈에 잘 띄지 않는다. 어떤 신규성을 지닌 창조든 기지의 기술과 소재를 조합한 결과다.

기화한 수증기가 냉각 응축하면 진공이 생긴다는 사실은 기지의 지식이다. 여기에서 증기기관의 피스톤이 착상된 것이다. 뉴턴의 만유인력도 기지의 사실로 물체는 높은 곳에서 놓으면 떨어진다는 체험이 있었고, 비행기의 발명에는 하늘을 나는 새와 연, 배의 프로펠러가 기지의 힌트로 활용되었다.

그러므로 창조란 이미 아는 기술·지식·물건을 새로 조합하여 아직 실현되어 있지 않은 가치 있는 작용을 만들어 내는 것이라 정의한다.

2. Seeds에 대하여

앞에서처럼 창조의 정의를 분해하면 다음 세 요소가 포함되어 있다는 것을 알 수 있다.

① 이미 아는 기술·식견·물건 등 - 시즈(씨앗)라 부른다.

② 새로운 조합에 의해서 - 아이디어(착상)라고 부른다.

③ 이제까지 없던 새로운 가치를 만든다 - 니즈(필요기능)라고 부른다.

이 세 가지는 창조행위를 논할 때마다 등장하는 용어고, 앞으로도 계속 나온다.

1) 시즈(씨앗)란 무엇인가

이 세상에 씨앗 없이는 식물이 생길 수 없는 것처럼 창조행위에도 씨앗이 존재한다.

창조행위의 끝이라 할 수 있는 아기의 탄생에는 정자와 난자라는 시즈가 필요하다.

그림이라는 창작품은 어떤 때는 풍경, 어떤 때는 과일이 시즈가 되지만, 이에 더하여 그림물감이라는 색을 만드는 씨앗도 필요하다. 색 없이 그림을 그릴 수는 없다.

음악이라는 창조물의 씨앗은 무엇일까? 음계와 화음 법칙, 그리고 다채로운 악기의 음색이 작곡가의 씨앗(seeds)이다.

소설가는 어떤가? 펜과 원고지는 도구지만, 화가의 화구와 달리 시즈라 할 수 없다. 그러나 글자, 숙어, 말은 바로 소설의 시즈다. 또 많은 문헌, 역사적 고문서, 또는 여행길에서 직접 취재한 메모, 더 나아가 계속 관찰해 온 사람의 심리와 동작 법칙 등, 다채로운 시즈가 구상되어 비로소 우수한 소설이 탄생한다.

2) 기지의 자원에서 씨앗(seeds)을 찾는다

창조행위를 할 때 목적(니즈)에 따라, 세상에 있는 기지의 자원 중에서 쓸 만한 것을 골라내야 한다. 시즈(씨앗)란, 그것을 유용하게 쓰려는 의도로 수많은 기지의 자원(식견·기술·방법·원료·재료 등)에서 선택한다.

여러분 신변에 있는 것에 무엇이 시즈인가 조사해 보자.

3) 니즈(needs)에 대하여

창조행위에는 반드시 기지의 시즈가 있고, 동시에 반드시 어떤 필요성(needs)이 창조의 동기로 작용한다.

창조란 독창적인 새로운 가치를 세상에 만들어 내는 것이므로, 새 가치가 필요한 사람에게는 의미 있는 기능이다. 새로운 기능에 돈을 지급하는 사람이 많다. 세상 사람들은 새로운 가치를 찾기 때문에 지금도 수많은 누군가는 개발 의욕을 불태운다.

그러면 니즈란 대체 무엇인가? 이 말에는 여러 뉘앙스가 복잡하게 섞여 있다. 니즈라는 말이 어쩐지 무질서하게, 무턱대고 사용되고 있는 것이 현실이다.

니즈(needs)는 다음 세 가지 성질이 혼동되어 불리는 것처럼 생각된다.

a. Wants(욕구)

지금 세상은 물자 과잉 시대이니까 소유보다 사용하는 쪽으로 니즈가 옮겨 갔다.

사람들의 욕구 변화를 니즈라고 부르는 예다. 즉 물건을 소유하는 욕구에서, 물건을 사용하는 욕구로 변한 것을 가리킨다. 이런 욕구 변화에 어떤 구체적인 니즈가 발생하였는가는 아직 드러난 것이 없다.

b. Needs(기능요구)

세로형 가전제품이 갑자기 잘 팔리기 시작한 것은 공간 절약의 니즈 때문으로 생각된다.

이제까지 가전 스타일을 깨고자 하는 욕구도 작용하지만, 벽면 위쪽 공간을 사용하는 것이 좁은 방에 좋다는 새로운 기능요구도 읽어 낼 수 있다.

c. Demands(실수요)

고령사회가 되면서 인구의 나이 구성은 역피라미드형이 되었다. 앞으로 노인용품에 대한 니즈가 더 높아질 것이다. 이것은 돈의 출처에 대한 언급이다. 노인층에 구매력이 있다는 의미다.

세 가지 구별은 창조행위에서 중요하다. 니즈를 감지했을 때 즉, 창조 목적을 구체적으로 밝힐 수 있을 때 창조활동에 대한 정열을 불태울 수 있다. 니즈가 애매한 상태에서 창조활동에 들어가면 실패할 확률이 높다. 니즈를 명확하게 정의하는 것은 창조활동의 출발점이다.

니즈에 대하여 다음 세 가지로 구분하는 연습을 해 보자.

▶ W 욕구의 변화(Wants)

▶ N 새로운 기능에 대한 요구(Needs)

▶ D 유망한 잠재수요(Demand)

▷ Self Training

다음 각 항이 W, N, D 어느 것에 해당하는지, 알맞은 기호를 넣어 보자.

크리스마스에 이어 발렌타인데이를 목표로 한 제과업자의 노력이 굉장하다.	
냉동식품은 앞으로 더 발전할 상품이다. 조리가 완료된 즉석식품보다 재료 상태의 냉동식품이 신장할 것이라고 전문가들은 말한다.	
우크라이나 전쟁 이후, 각국에서는 대체에너지로 이제까지 거들떠보지도 않던 석탄에 관심을 쏟기 시작했다.	
베이비 붐 세대용 상품이 위세를 떨치고 있다.	
진은 수명이 긴 패션 소재 중 하나다. 이젠 끝인가 생각했는데, 고급화하여 다시 고개를 내밀고 있다.	
세뱃돈의 용도를 조사해 본 결과, 스마트폰에 소비하는 액수가 크다는 것을 알았다.	

이 연습을 시작으로 W, N, D 세 가지 구분을 하면서, 신문을 읽고, 이

야기를 듣고, 거리를 걷는 것을 의식적으로 해 보자. 창조활동 목표를 정할 때, 세 가지 구분이 꼭 필요하다.

"욕구의 변화는?"

"수요는 어디에?"

"구체적 기능은 무엇?"을 생각하는 것은, 어떤 일에 종사하고 있든 고객 입장을 고려하는 것과 연관되어 있기 때문이다.

잘 팔리는 상품을 개발하려면 N 기호에 해당하는 내용을 파악해야 한다. W나 D만으로는 구체적 상품을 만들 수 없다. W와 D도 사업을 성공시키는 중요한 요소다.

W, N, D가 앞으로 자주 등장한다. 창조활동 이야기가 나올 때마다 구분법을 생각해 보자.

앞의 self training에 대한 해답을 알아보자. 자기가 쓴 기호와 대조해 보라.

▷ Self Training 해답

이것은 분명히 돈을 소비해 주는 층, 어린아이에서부터 성인층까지 용돈을 노린 것이다.	D
본질적 기능으로 즉석 냉동식품은 시간이 필요 없다는 니즈가 있고, 재료 냉동식품인 경우는 "인스턴트 식품에 싫증이 나서 손수 조리한 것이 먹고 싶다." 하는 W의 변화가 있다. 물론 장기 보존상태의 유지라는 N의 뒷받침이 있다.	W

채탄 비용상으로 채산이 맞게 되면 석탄에 대한 잠재수요의 크기는 더욱 회복된다.	D
인구가 많은 연령층에는 소비자 수도 많을 것이므로 분명히 D다. 이 D에 대해 어떤 W에 착안하고, 어떤 N이 있는 상품을 내놓는가는 또 다른 상품개발의 영역이다.	D
패션은 항상 변화를 추구하는 것. 진이 몇 번씩이나 되살아나는 것은 뭐니 뭐니 해도 이 소재의 기능을 아주 포기할 수 없기 때문이다. 고급진으로 재단·봉제·디자인한 참신성을 부여하여 W의 변화에 대응하고 있다. 가격은 고급화에 따라 실구매층은 변하였을지도 모른다.	N
세뱃돈은 받은 사람이 마음대로 쓸 수 있는 돈이기 때문에 상당한 실수요가 될 수 있다.	D

3. 창조활동을 떠 받치는 역량군

앞에서 ① 문제감지력, ② 정보수집력, ③ 상황추리력, ④ 논리검증력 네 가지 지적 스킬을 학습하였다.

여기서 창조력을 떠받치는 지적 스킬을 요약하고 세부적으로 들어간다.

⑤ 기능추출력 : 본질적인 상품기능을 탐색하고 언어로 표현한다.
⑥ 시스템설계력 : 목적을 규명하고 부분을 조립한다.
⑦ 착상력 : 목적을 집약하고 발상의 표적을 정한다.
⑧ 목표설정력 : 목표 이미지를 명확히 한다.

1) 기능추출력(니즈찾기)

이 스킬은 언어 조작과 관계가 깊다. 앞에서 여러분은 '그것은 W 욕구 변화다, 그것은 N 기능요구다, 그것은 D 실수요 형성이다.' 하는 유형으로 구분 연습을 하였다.

이것은 구분하는 것일 뿐이므로 아직 언어 조작까지는 필요 없으나, '그 W는 어떤 욕구 변화인가, 그 N은 어떤 기능이 요구되고 있는가.'라는 질문을 받으면 당장 언어로 표현하지 않으면 안 된다.

기능추출 스킬은 본질적인 상품기능을 찾아내어 언어로 표현하는 능력을 말한다. 기능추출 스킬은 창조활동의 핵심이다.

2) 시스템설계력

이 스킬은 창조활동상에서 두 번째로 중요한 스킬이다. 기능을 깊이 규명해 가면 창조목적이 점점 분명해지는데, 이것을 실현하기 위해 몇 가지 목적기능을 구하지 않으면 안 된다.

어떤 순서로 어떤 과제를 해결해야 하는가를 생각하고, 목표한 최종 목적이 실현되도록 시스템을 조립한다.

목적 규명과 부분 조립 두 가지를 묶어 시스템설계라 부른다.

아이디어 발상을 서두르기 전에, 먼저 무엇과 무엇을 향하여 아이디어를 짜내면 좋은가를 사전에 설계해 두는 것이 중요하다. 예를 들어보자.

드론을 만든다는 최종 목적을 달성하기 위해 몇 개의 작은 목적을 달성해야 하는가? 드론을 만들어 본 경험은 없지만, 전혀 경험 없는 사람이라도 드론 제작에는 부분과 순서가 있으리라는 것을 짐작할 수 있다.

즉, 시스템이란 아래 네 가지 요건을 갖추고 있다.

- 전체로 최종 목적이 있고,

- 전체의 목적 달성에 필요한 몇 개의 부분으로 구성되고,

- 부분·부분에 대하여 각각 목적이 정해지고,

- 부분·부분의 실행 타이밍에 일정한 순서가 정해져 있다.

3) 착상력(아이디어 만들기)

창조력이란 착상력이다. 목적만 집약되면 발상의 목표가 정해지므로 착상이 쉽다.

연구개발 활동에서 창조성과가 잘 나오지 않는 이유로 다음 다섯 가지가 있다.

▶ 전체과제 : 사업화를 결심할 수 있을 만큼 매력적인 연구 테마가 잘 발견되지 않는다.

▶ 부분과제 : 테마는 발견되었지만, 거기에 이르는 부분·부분의 테마를 정하기 어렵다.

▶ 아이디어 : 부분 과제는 명확하지만, 난제를 풀기 위한 아이디어가 좀처럼 떠오르지 않는다(실제 부분 과제의 규명도 부족한 경우가 많다).

▶ 시장 : 과제를 풀고 아이디어도 나왔지만, 시장에 받아들여질 것 같지 않다. 니즈의 뒷받침을 얻지 못한 상태다.

▶ 채산성 : 과제가 풀리고 시장에도 받아들여질 것 같지만, 값이 안 맞아 사업화하지 못한다.

이를 극복하는 것이 착상력이다. 착상을 수도 없이 해야 한다. 지금도 밤새워 이 작업을 진행하고 있다. 대한민국은 이렇게 발전되어 왔다고 해도 과언이 아니다.

창조활동은 이 다섯 가지 전부 마스터해야 창조성과를 제대로 얻을 수 있다.

4) 목표설정력(이미지 만들기)

창조력을 만드는 마지막 스킬로 "목표설정력"을 선정한 것은 다음과 같은 이유다.

모처럼 좋은 아이디어가 나와도 쓸모없게 되는 것은, 아이디어 실현에 실제 행동으로 무엇이 필요한가를 모르기 때문이다(목표 부재).

실천하지 못할 관념적 실행 목표를 세우고 일이 다 되었다고 착각하는 경우가 많다. 이래서는 실행이 도중에 좌절하고 만다(방법 부재).

실행할 때 조직적인 힘이 필요하다. 부분·부분의 아이디어에 실행 목표를 분담하고, 실현 타이밍을 맞추어 팀 전체 힘으로 창조활동을 한다. 일정 설정도 중요하다. 또 2개 이상 팀이 활동을 분담하는 프로젝트 시스템도 등장한다(기간 제한의 부재/조직·분담의 부재).

사람마다 장점·단점이 따로 있어 "아이디어형"의 플랜에 적합한 사람은 실행력에 약하고, 또 "실행형"의 행동에 능한 사람은 플랜에 약한 경향이 있다.

아이디어가 풍부하여 실행할 수 있는 행동목표로 끌고 가는 힘이 있다면 말할 나위도 없지만 혼자서 할 수 없는 경우가 많다. 그래서 연구자와 개발자를 분리하기도 하고 또 기질이 다른 사람끼리 짝을 짓기도 한다.

그런데 이상의 네 가지 스킬 외에도 창조력을 떠받치고 있는 무기는 아직도 더 있을 수 있다. 바로 전문 영역에 관한 깊은 지식이다. 지식의 깊이는 매우 중요한 창조력의 원천이다. 또 책에서 배울 수 없는 각자 경험에서 얻은 노하우도 중요하다.

지식은 그것을 구사할 수 있는 사람에게는 매우 효과적이다.

역량 5 기능추출력(니즈찾기)

비즈니스에는 항상 상품과 서비스가 존재한다. 그 상품과 서비스는 어떤 경우든 인간에게 작용하는 물건과 서비스다. 사람은 그 작용에 돈을 지급한다. 새로운 작용을 창조하는 것이 상품개발이다.

생산 기계를 예로 들어 보자. 원료 상태에서 완제품에 이르기까지 몇 개의 기능공정을 거치게 되는데, 공정별로 고유한 기능을 수행하는 기계를 설계하는 것이 공장설계다. 무형의 서비스를 제공하는 사업이 제법 비싼 대가를 받을 수 있는 것 또한 그 서비스가 사람에게 제공하는 기능이 환영받기 때문이다.

고유기능을 발견해 내는 능력은 연습만 하면 어려운 일이 아니다. 익숙하지 못한 사람은, 그 물건의 용도를 발견할 수는 있더라도, 어떤 기능이 더 생겨나는가를 추출하지 못한다.

▶ 창조행위는 새로운 기능 개발이다. 기능 중심의 생각을 거부하는 추상화라든가 조형 예술조차도 "사람 눈을 즐겁게 한다." 하는 기능을 창조하고 있는 셈이다

▶ 기능이란 "사람에 대한 물건의 작용"이다. 창조활동에서 기능을 규명하는 것은 중요하다.

▶ "그것은 무엇을 위하여"라는 질문이 기능을 규명하는 key 질문이다.

1. 기능이란 무엇인가

사전에 기능은 다음과 같이 정의되어 있다.

1) 사물의 작용, 사물이 활동할 수 있는 능력
2) 서로 의존하는, 전체 구조 속에서 어떤 부분이 지닌 특유의 작용

1)은 일반적인 정의이며, 2)는 철학적 정의에 가깝다.

1)의 정의를 다음과 같이 다시 정의해 보자.

기능이란?

▶ 객관적 사물이 발휘하는,

▶ 사람에게 의미를 지닌,

▶ 어떤 작용이다.

애써 "사람에 대하여"라고 한 것은, 의미작용과 단순작용의 구별 때문이다. 꽃의 꿀은 벌에게는 식물로 존재하고 벌을 유인하는 작용을 한다. 이것은 생물적 현상이다. 벌의 목숨을 유지시켜 주는 기능을 꽃의 꿀이 한다고 하겠지만, 만약 벌이 사람이라면 그렇게 생각하리라는 것이다. 벌은 그런 생각을 하지 않은 채 본능에 이끌리어 꽃에 모여든다. 그러므로 작용이라고 부른다.

그러면 사람에 대하여 꽃의 꿀은 어떤 기능을 갖는가. 그것은

단맛을 느끼게 하는 기능 - 벌꿀을 맛보는 사람에 대한 기능

꽃가루를 다른 곳으로 보내기 위해 벌을 끌어들이는 기능 - 농가에 대한 기능

이처럼 사용하는 사람에 따라 같은 물체지만 기능은 달라진다. 이런 관점에서 기능을 "사람에 대하여 의미를 지닌 작용"이라 정의한다.

2. 사람의 의사에 따라 변하는 기능

꽃의 꿀은 사용하는 사람에 따라 기능이 변했다. 또 사용하는 사람이 동일인이라도 그 사람의 의사에 따라 기능이 변하기도 한다.

여러분은 계곡에서 물놀이하다 적당한 크기의 아름다운 푸른색 돌을 발견하였다. 그 돌을 집으로 가지고 와서 세면대에 놓아둔 채 한동안 잊어버리고 있었다.

얼마 뒤 당신은 책꽂이를 장식하기 위해 푸른색 돌을 찾아보았으나, 눈에 띄지 않았다.

그래서 아내에게 "푸른색 돌을 보지 못했소?"라고 물었다. 그러자 아내는 "아, 그 돌! 크기도, 무게도 알맞아서 배추를 절이는 데 눌러두었어요."라고 대답하는 것이다. 깜짝 놀라 "그것은 장식용으로 쓰려고 일부러 계곡에서 여기까지 가져온 것이오. 당장 갖고 와요."라고 말했으나, "지금 절이고 있는 배추가 제대로 절여지면 그때 돌을 돌려 드리겠소."라고 답했다. 그리고 "지금은 안 돼요. 그 돌의 무게가 배추 절이는 데 꼭 맞으니까요."

돌의 용도에 대한 이제까지의 이야기는 특성과 기능 관계를 잘 설명해주고 있다.

실체	특성	기능	효용(용도)
계곡에서 발견한 돌	약 8kg 정도	일정한 무게를 계속 가한다(기능)	배추 절이는 데 쓰는 누름돌
	표면 푸른색에 흰 줄 무늬가 있다	보는 사람의 마음에 안정감을 준다(기능)	장식물

창조활동을 전개할 때 먼저 결정해야 할 것은 무엇을 창조하려는가 하는 목적이다. 푸른색 돌을 사용해 뭔가 창조를 하려면, 그것을 어떤 목적을 위해 사용할 것인가를 먼저 결정해야 한다. 장식물로 사용해 "사람 마음을 안정시키는 기능"을 수행하게 하려면, 그 돌을 꽤 오래 공들여 닦아야 할 것이다.

그러나 아내처럼 배추를 절이는 누름돌로써 "일정한 무게를 계속 가하는 것"이라면 돌을 반들반들하게 닦을 필요까지는 없다.

어떤 용도를 정하면 그것에 걸맞은 기능이 저절로 정해진다.

어떤 기능이 정해지면 그것에 걸맞은 특성이 저절로 명백해진다.

이제까지 학습한 말로 바꾸어 표현하면 아래와 같다.

용도 = 욕구(wants)

　　　실수요(demand)

기능 = 기능요구(needs)

특성 = 씨앗(seeds)

실체 = 자원(resource)

3. 기능을 찾는 사고법

자기가 지닌 목적은 누가 가르쳐 주지 않아도 자각하고 있다. 그러나 최종효용을 의도하는 경우가 많고, 그 기능에 대해 분명히 자각이 없는 것 같다. 앞의 예로 말하면, 배추 절이는 누름돌로 사용하고 있는 것은 자각하고 있지만, 막상 그녀에게 누름돌의 기능은 무엇인가? 하고 묻는 다면 당황할 수 있다.

기능은 어떻게 찾아내고 어떤 식으로 표현되는 것이 좋을까?

한마디로 말하면, 그것은 나에게 어떤 의미가 있는 작용을 해 주고 있 는가? 하는 물음에 의해 발견된다.

나에게 어떤 의미가 있는 작용인가를 끌어내려면 혼자서 묻고 답하고, 묻고 답하고를 반복해야 한다.

이러한 자문자답을 거듭하면서 기능을 추출한다. 지금 그 묻는 방법 을 소개하기로 한다.

1) 제1의 물음 : 그것은 무엇을 위해서인가?

"그것은 무엇을 위해서인가?"라는 물음은, 의식하지 않고 모두 다 하 는 질문이지만, 사용해 보면 뜻밖에 서툴다는 것을 알게 된다. 또 하고 싶은 말이 너무 많아 결국은 기능 F0에서 F5까지 있다면 단숨에 뛰어넘 는 경우도 많다.

'그것은 무엇을 위하여 이렇게 되어 있을까?'라고 생각하는 것 자체는 보통 사람의 보통 물음이다. 사람을 위하여 뭔가 기능한다는 것이 상품의 기능이므로, 이 물음을 의식적으로 사용해 보자.

2) 제2의 물음 : 어떤 사실이 보이는가?
그 사실은 무엇을 위하여 존재하는가?

제1의 물음은 어떤 동작에서 시작하여 "그것은 무엇을 위해서"라고 차례로 기능을 계속 질문하면서 점점 기능 수준을 높여 가는 방법이다. 제2의 물음은 동작이 아니라 눈을 사용한 관찰로 사실을 파악하고 그것을 실마리로 기능을 추출하는 방법이다.

4. 기능을 발견하는 자기훈련

제1의 방법으로 연습해 보자. 제1의 방법은 일괄 정리하여 기능을 표현하는 방법이다.

연습과제는 "전기 난방기구"로 한다.

다음 빈칸에 전기 난방기구의 기능을 적는다. F0부터 차례로 하나하나 "그것은 무엇을 위해서인가?"라고 질문하여 수준을 높여 가면서 기록한다.

F0는 전기 난방기구의 코드를 콘센트에 꽂는 동작부터 시작해 보자. "동작"은 "기능"과는 약간 다르지만, 기능을 규명하기에 편리하다.

[예제 1]

F0 　전기 난방기구 코드를 콘센트에 꽂는다.
　　(그것은 무엇을 위해서인가)

▼

F1

　　(그것은 무엇을 위해서인가)

▼

F2

전기 난방기구의 기능추출 모델 예

F0 　전기 난방기구 코드를 콘센트에 꽂는다.
　　(그것은 무엇을 위해서인가)
F1 　전기를 난방기구의 열선에까지 흐르게 한다.
　　(그것은 무엇을 위해서인가)
F2 　난방기구의 열선을 발열시킨다.
　　(그것은 무엇을 위해서인가)
F3 　발열한 열선의 열을 난방기구의 아래쪽으로 계속 전한다.
　　(그것은 무엇을 위해서인가)
F4 　열이 미치는 범위 내에서 모든 것을 보온한다.
　　(그것은 무엇을 위해서인가)
F5 　사람의 손발을 따뜻하게 하고, 온기를 유지한다.
　　(그것은 무엇을 위해서인가)
F6 　추위로 차가워진 사람 몸 전체를 따뜻하게 유지한다.
　　(그것은 무엇을 위해서인가)
F7 　혈액순환을 좋게 하여, 몸을 느긋하게 하고 마음을 편안하게 한다.
　　(그것은 무엇을 위해서인가)

사람마다 표현법은 달라도 이 정도까지 단계를 밟는 것이 중요하다.

자, 그러면 여러분이 작성한 전기 난방기구의 기능을 모델 예와 비교하여 어떻게 다른가? 같은 부분이 있는가? 모델 예와 비교하여 어디가 어떻게 다른가?

여러분은 틀림없이 다음과 같은 의문을 가졌을 것이다.

한번에 모델 예의 F6이라던가 F7로 건너뛰고 중간 기능은 미처 생각하지 못했다. 매우 번거롭다. 왜 이런 귀찮은 순서를 밟아야 하는가?

기능을 끝까지 규명하면 용도가 되어 버린다. 전기 난방기구의 경우는 난방용이라는 용도에 도달하게 된다. 그러나 용도는 기능과 다르다. 난방용으로서 뛰어난 효과를 발휘하려면 어떤 작용을 하는 난방기구가 바람직한가. 그것을 규명하는 스킬이 기능추출력이다.

전기 난방기구는 사람을 따뜻하게 하는 것 외에 세탁물을 말리기도 한다. 이 같은 부가적인 기능을 표현하려면 별도 계열 없이 다 표현하지 못한다. 어떻게 하면 좋을까? 모델 예에서 말하면 F5 단계에서 계열이 두 가지로 나누어져 난방기능의 계열과 건조기능의 계열로 표현해도 된다.

왜 "콘센트에 꽂는다."와 같은 동작에서부터 F0을 시작하는가? 곧장 "F0 전기 난방기구에 가까이 다가간다."부터 들어가면 안 되는가? F0 선정에서 가급적 빠른 시기부터 순서를 선택하는 것이 기능을 놓칠 위험을 막아 준다. 거기서부터 점점 기능 레벨을 높이면서 숨겨진 중요기능을 찾을 수 있기 때문이다.

'콘센트에 꽂는다 → 전기가 흐른다 → 니크롬선이 가열된다'와 같은 순서가 되어 버렸다. 이것은 기능의 순서와 혼동되기 쉽다. 양자는 어디가 어떻게 다른가?

다음 예제를 보면 "기능과 공정 순서의 차이"를 잘 알게 될 것이다.

[예제 2]

매일 아침 출근 전의 절차	**각 공정이 갖는 기능의 예**
잠자리에서 일어난다.	졸음을 쫓기 위하여
▼	
세수를 한다.	얼굴을 자극하고 상쾌하게 한다.
▼	
이를 닦는다.	치아의 더러움과 음식 찌꺼기를 제거한다.
▼	
머리를 빗어 정돈한다.	사람에게 정돈된 모습으로 청결감을 준다.
▼	
아침 식사를 한다.	하루의 활동 에너지를 섭취한다.
▼	
출근을 위해 집을 나선다.	늦지 않게 직장에 도착한다.

위와 같이 하나하나의 행동 순서에도 각각의 기능이 존재한다. "일어나는 것은 무엇을 위하여 → 세수하기 위하여"인 것은 아니다. 방심하여 행동의 순서를 하나 진행시키면 기능 수준이 하나 높아진 듯 오해하기 쉬우므로 주의해야 한다.

5. 기능을 왜 중시하는가

사물을 새로 만들어 내려 할 때 먼저 목적을 정하지 않으면 안 된다. 그 경우에 기능이 무엇인가를 특히 까다롭게 규명하는 이유는 무엇일까?

이 점은 창조라는 행위의 본질을 이야기해 주는 부분이므로 좀 더 생각해 보자.

즉 기능을 규명하는 것은 기존의 방법에 구애되지 않는, 새로운 방법을 생각하기 쉽게 한다. 기능을 보다 고차원 수준까지 규명하지 않으면, 기존 방법 외에는 생각해 내지 못한다.

이미 있는 것에 구애되지 않고 더욱 본질적인 목적은 무엇인가를 추구해야 창조적인 아이디어가 나오기 쉽다.

역량 6 시스템설계력(구조 만들기)

　시스템설계라는 것은 하나의 최종 목적을 달성하기 위해, 복수의 작은 목표 몇 가지를 어떤 순서로 달성해야 하는가를 사전에 디자인하는 것을 말한다. 가루를 보관하고 있는 호퍼가 있어, 위에서 넣고 아래로 빼낸다. 이 호퍼 내부를 디자인하는 것이 "시스템설계"다.

　100원짜리 동전의 사례에서 종이를 제거할 때 물이라는 재료를 채택하느냐, 불이라는 재료를 채택하느냐에 따라 시스템이 바뀐다.

　물의 경우는 종이의 섬유질을 풀어 약하게 하는 시스템 기능에 착안한 것이고 섬유질의 결속을 약화하는 물을 대기 위한 아이디어가 요구된다.

　불의 경우는 컵 위의 종이 부분에만 불을 붙이는 기능이 필요하다. 어떻게 고안하면 불이 붙을까? 대목적 달성을 위해 몇 가지 중목적과 소목적을 달성해야 하는가가 시스템설계다.

1. 시스템설계를 익힌다

　시스템이란 한마디로 말하면 목적 달성을 위한 구조다.

　구조란 요술상자 같다. 무언가 그 속에 들어가면 거기에서 변하여 목적한 것이 되어 나온다.

　창조활동의 산물은 모두 이 상자 속을 통과해야 탄생한다. 이 상자 속에는 기능을 만드는 장치가 설치되어 있고, 아이디어라는 가공제가 첨가된다.

　시스템이란 무엇인가를 구체적인 예를 들어 생각해 보자. 자연계에서 시스템적으로 잘 된 것은 사람의 신체다. 창조주에 의해 만들어진 시스템의 걸작이 인간이다.

1) 시스템에는 목적이 있고, 목적을 위하여 지혜가 집중된다

사람의 동작에는 반드시 어떤 이유가 존재한다. 이는 뇌 속에서 생기는데 완전히 반사적인 순간 동작이다. 뜨거운 프라이팬의 손잡이를 맨손으로 잡았다가 반사적으로 손을 움츠리는 동작, 큰 소리에 깜짝 놀라는 동작 등이다. 이 같은 동작도 목적이 존재하며 기능이 작용하고 있다. 프라이팬에 손을 댔다가 뜨거우면 손을 뗀다. 손을 떼고 나서 "앗 뜨거워!"라고 하는 사람은 없다. 사람이 하는 온갖 행동에는 목적 없는 움직임이란 없다.

"숨을 쉰다", "몸을 긁는다", "잠을 잔다", "먹는다", "달린다", "운다" 등. 이들 행동에는 목적의식을 자각하고 있는 것도 있고, 깨닫지 못한 채 생명 메커니즘에 의해 작동하는 것도 있다. 하나의 목적을 향해 많은 부분이 정합성을 갖고 기능하는 상태를 시스템이라고 부른다. 사람에게 만약 뇌가 없다면 비록 손과 발이 움직여도 틀림없이 그 움직임은 엉망일 것이다.

2) 시스템에는 부분이 있고, 조합에는 순서가 있다

사람을 전체로 볼 때 머리, 손, 발, 목, 몸통은 모두 부분이다. 또 손만을 보면 다섯 개의 손가락, 손목, 손가락의 관절, 손톱, 피부, 손바닥, 그리고 그것들을 연결하는 신경과 근육 등이 붙어 있다. 내장도 식도, 위, 장, 신장, 간장, 폐 오장육부가 모두 시스템의 부분이다.

시스템이 기능하기 위한 조건은, 이들 부분·부분이 질서 있게 서로 관계해야 한다. 사람의 신체는 오묘한 것이어서 발은 서로 교대로 움직이며, 손은 자기가 노린 물건을 착오 없이 잡는 동작을 한다. 어떤 기중기보다 뛰어난 작용을 손의 각 부분이 순서 있게 해치운다.

다섯 손가락이 퍼지는 순서는 어떤가. 막대기를 집는 손가락은 어느 것과 어느 것이며, 어떤 순서로 다른 손으로 옮기는가. 들어 올리는 팔꿈치의 부분은 언제 어느 방향으로 올리고 내리는가 등 모두가 시스템이다.

① 부분을 몇 개로 나누는가 ② 그 부분·부분을 어떤 순서로 작동시키는가 ③ 부분의 상호관계를 어떤 조합으로 설계하는가. 이 세 가지가 시스템 만들기의 3대 착안점이다.

3) 시스템에는 투입물(input)과 산출물(output)이 있다

어떤 단순 시스템도 소재가 투입되면 성과가 산출된다. 사람으로 말하면, 살기 위해 먼저 먹을 것을 입으로 투입한다. 소화하면서 영양을 섭취하고, 에너지로 바꾸어 힘의 원천으로 삼는다. 마지막에는 대변, 소변이라는 형태로 불필요한 물질을 배설한다. 즉 이 경우는 사람의 신체 자체가 시스템이라는 요술상자인 셈이다.

4) 시스템에는 제한조건이 있다

성과를 산출하는 과정에서 돈이나, 시간이나, 일손 등 어떤 제한이 있는 것이 보통이다. 제한조건을 고려해 이상적인 시스템에서 실행 시스템으로 변화시키는 과정을 시스템설계라고 부른다. 이상적 시스템이라는 것은 비용도 들지 않고 일손도 들지 않는 방법을 가리킨다. 현실은 제한되어 있고, 제한조건이 있어야 좋은 시스템도 연구한다.

이번에는 시스템과 비시스템의 차이를 살펴보자. 앞의 ①~④까지 시스템 요건을 사용해 판별한다. "시스템"이라고 생각되는 것에는 ○표를, "요소"에 불과하다고 생각하는 것에는 ×표를 해 보자.

① 양복(순서 매김 없음, 부분 요소의 조합일 뿐이다)	
② 응접 세트(순서 매김 없음, 부분 요소의 조합일 뿐이다)	
③ 신문 배달(신문사에 도착한 신문을 가정에 배달할 때까지 체제)	
④ 미니카 컬렉션(개체와 전체가 있으나 조합의 순서가 없다)	
⑤ 즉석라면(부분도 순서도 목적도 전부 갖추어져 있다)	
⑥ 목공구 세트(부분도 기능도 있고, 그리고 공작목적별 사용순서도 있다)	
⑦ 결혼식 피로연(결혼을 사회적 승인을 위한 의식으로 보면……)	
⑧ 시스템키친(요리를 시작하지 않는 한 아직 조합에 불과하다)	
⑨ 블라우스 봉제(블라우스 단독으로는 요소의 조합이지만 봉제가 되면……)	
⑩ 철도(수송시스템임에 틀림이 없다)	

2. 요소와 시스템의 차이

뜻밖에 "이것은 시스템인가?" 또는 "시스템이 아니라 요소의 집합체인가?"라는 질문을 받으면 의외로 식별이 어렵다는 것을 알 것이다. 이해하기 위하여 ○, ×의 구별을 해 보자. 정답이라기보다 사물을 보는 견해로 이해하자.

① 양복(순서 매김 없음, 부분 요소의 조합일 뿐이다)	×
② 응접 세트(순서 매김 없음, 부분 요소의 조합일 뿐이다)	×
③ 신문 배달(신문사에 도착한 신문을 가정에 배달할 때까지 체제)	○
④ 미니카 컬렉션(개체와 전체가 있으나 조합의 순서가 없다)	×
⑤ 즉석라면(부분도 순서도 목적도 전부 갖추어져 있다)	○

⑥ 목공구 세트(부분도 기능도 있고, 그리고 공작목적별 사용순서도 있다)	△
⑦ 결혼식 피로연(결혼을 사회적 승인을 위한 의식으로 보면……)	○
⑧ 시스템키친(요리를 시작하지 않는 한 아직 조합에 불과하다)	△
⑨ 블라우스 봉제(블라우스 단독으로는 요소의 조합이지만 봉제가 되면……)	○
⑩ 철도(수송시스템임에 틀림이 없다)	○

광고는 했어도 상품이 진열되어 있지 않다.

필요한 재료를 사 왔다 하더라도, 요리가 저절로 되지는 않는다. 마찬가지로, 요소가 아무리 갖추어져도 생산활동이 시작되지 않는다. 부분을 조합하고 시스템화해야 한다. 요리에서 곧 깨달을 수 있지만, 일상에서 깨닫지 못하고 부분을 뿔뿔이 흩어 놓은 채 시스템화하지 않는 경우가 흔하다. 신상품을 시장에 내보낼 때, 상품이 소매점에 도착하지 않았는데도, 광고부터 하는 것과 같다. 광고팀과 배송팀, 그리고 영업팀이 따로 행동하기 때문에 이런 일이 발생한다. 시스템이 엉망이다. 고객이 가게에 와서 사려고 해도 상품이 없으므로 실망만 하고 돌아간다.

비즈니스에서 시스템으로 종합 전력화되지 못한 예가 많다.

▶ 목적(기능)이 모호한 채, 원하는 목표를 저마다 별도로 품고 있어서다.
▶ 조직별로 분업화되어 체계가 없고, 타이밍도 놓치는 때가 많다.
▶ 개별목적을 전체의 목적에 맞추기 위한 연구가 부족하다.
▶ 시스템 속에서 투입물이 산출물로 변화해 가는 프로세스 단절(요소의 부족, 순서이탈)이 있어, 전체의 성과로 이어지지 않는다.

역량7 착상력(아이디어 만들기)

기능추출과 니즈찾기로 파악된 "목표"를 실현할 방법을 생각해 내는 능력을 착상이라고 부른다. 착상만으로 독창적인 것이 생겨, 개선이 이루어지는 것처럼 생각하기 쉽지만, 중요한 목적하는 기능을 정한다는 단계가 필요하다. 목적하는 기능이 결정되어도 역시 아이디어가 샘솟듯 솟아나는 사람과 그렇지 못한 사람과의 차이는 있다.

기능이 결정되면 목표가 정해진다.

기능	목표
1. 빨리	월초 3일에는 고객에게 배달되도록
2. 정확하게	착오라든가 누락, 이중 청구 등이 없도록
3. 최신의	입금액은 청구서 발행 전날까지 반드시 없앤다는 규칙으로
4. 편하게	사람은 한쪽 전표를 쓰는 것만으로
5. 단번에	다음에 다시 손을 대는 일이 없게

아이디어를 많이 얻으려면 고정관념을 버리고 유연하게 사고해야 한다. 착상을 잘하는 사람은 머리를 어떻게 쓰고 있을까?

이 사례의 경우로 '손 안 대고 100원짜리 동전을 떨어뜨린다.'라는 과제를 생각해 보자. 예를 들면 '100원짜리 동전을 받치고 있는 종이를 없애려면 어떻게 할까.'라는 식으로 과제를 바꾸어 놓는 것이 키다.

▶ 물에 적셔 100원짜리 동전 밑의 종이가 찢어지게 한다.

▶ 불을 붙여 100원짜리 동전 밑의 종이를 태워 없앤다.

이 두 가지는 누구든지 쉽게 생각해 낼 수 있다.

※ 착상력 향상

▶ 착상의 참신성은 고정관념 틀에서 얼마만큼 자기를 이탈시킬 수 있는가에 달려 있다.

▶ 착상을 낳기 위한 단서가 필요하다. 뛰어난 단서를 발견하기 위한 연구·고안이 착상법의 50%를 차지한다.

▶ 착상만으로 창조할 수 없다. '어떤 타깃에 목표를 맞추고 발상하는가.' 하는 표적의 정확성이 착상을 살리는 열쇠다.

1. 착상이란 무엇인가

창조란, 결국 발상의 참신함이다. 그래서 창조적 사고의 책에는 착상을 풍부하게 하는 다양한 기법이 소개되고 있다.

착상이라는 말의 사전적 의미는 일의 실마리가 될 만한 생각, 또는 아이디어가 마음에 떠오르는 것이라고 되어 있다. 우선 목적이 있고 그것을 잘 완수할 방법을 찾는 것이다. 따라서 떠오른 아이디어가 만약 추상적이라면, 그것은 방법이 아니라 힌트 같은 것이므로, 착상이라고는 하지 않는다.

2. 무엇에 대하여 착상하는가

착상은 착상 기법에서만 생기는 것이 아니다. 역설적으로 들릴지 모르지만, 어떤 착상 기법을 쓴다고 해도 목표가 확고하지 않으면 착상이 안 된다.

착상은 어떤 과제, 어떤 목적, 어떤 기능의 실현을 위함인가라는 점을 다시 한번 확인한다.

이 무엇에 대해를 밝히기 위해 여태까지 학습했다. 목적을 확정하기 위한 스킬은 다음의 세 가지였다.

- 문제감지력 : 과제나 문제를 스스로 인식하는 능력이다.
- 기능추출력 : 목적을 집약하고 깊게 파고드는 능력이다.
- 시스템설계력 : 어떤 기능을, 어떤 순서로, 몇 개 실현하면 되는가 하는 전체 구조를 그리는 능력이다.

방법이 좋고 나쁨의 평가를 떠나 착상을 잘하려 시도하는 기법을 몇 가지 알아보자.

1) 브레인스토밍

비판과 평가는 금지하는 규칙이 있으며, 각자 아이디어를 내고 전부 종이에 기록한다. 다른 사람도 아이디어가 떠오른다. 그것을 입으로 말하고 또 종이에 쓴다.

"그것은 안 돼!"라고 부정하지 않으므로 마음이 느긋하고 엉뚱한 아이디어라도 부끄러워하지 않고 대담하게 낼 수 있다. 타인의 아이디어를 빌려서 그것을 확대할 수 있는 등 팀의 힘을 발휘하여 창조에 공헌하게 하는 데 좋은 기법이다.

반면에 목적집중이 느슨하면 두서없게 되고, 질 나쁜 아이디어만 남는다는 결점도 있어 최근에는 사용을 많이 자제하고 있다.

2) 수평사고

수평사고라는 말이 한때 유행하였다. 창조성에 대한 논의가 고조되었던 시기에 이러한 개념이 등장하였고 사고력을 스킬로 파악하는 참신성이 인기를 끌었다. 사람의 고정관념이 의외로 완강하다는 점을 제대로 지적한 점도 주목받았다.

그러면, 수평사고 기술의 급소는 무엇인가를 생각해 보자. 우선 수평사고라는 사고 기술이 특별한 기법으로 존재하는 것은 아니라는 점을 이해해야 한다. 이러한 사고 기술을 개발한 데보노는 문제를 해결할 때 중요한 "문제 해결법"과 "논리적으로만 생각하는 사고 방법에 대한 경종"을 부여하려고 한 것이다.

매우 어렵게 보이는 문제라도 관점을 바꾸어 구조를 연구하고, 문제 파악을 달리하면 쉽게 풀린다고 말하고 있다. 그러나 많은 사람은 문제를 바꾸어 놓을 줄 모르고, 정면으로만 공격하기 때문에 문제가 풀리지 않는다고 토로한다.

데보노는 수평사고의 원칙으로 다음 네 가지 항목을 들고 있다.

제1원칙 지배적인 아이디어를 찾아내라(주요 기능을 찾아낸다)

제2원칙 다양한 관점을 탐구하라(관점 변경의 중요함)

제3원칙 수직사고의 강한 통제에서 벗어나라(고정관념 탈피)

제4원칙 우연한 기회를 이용하라(테마 집중의 중요성)

[예시]

옛날 어느 상인이 심술쟁이 고리대금업자에게 돈을 많이 빌려 쓰고, 갚지 못해 고통을 당하고 있었다. 빚을 못 갚으면 감옥에 들어가는 시대였다. 늙고 못생긴 심술쟁이는 그 상인의 꽃같이 아름다운 딸에게 눈독을 들여 한 가지 흥정을 제안했다. 만일 딸을 자기에게 주면, 빚을 없는 셈 치겠다는 것이다.

난처해진 상인과 딸 앞에서 심술쟁이는 만사를 하늘에 맡기자고 말하고, 커다란 빈 지갑 속에 흑백 두 개의 돌을 넣을 테니 하나를 집어내라는 것이다. 만약 검은 돌을 집어내면 딸은 심술쟁이 영감의 아내가 되고 빚은 없는 것으로 한다. 그리고 흰 돌을 골라낸다면 딸은 지금과 마찬가지로 부친과 같이 살아도 좋고, 빚도 없는 것으로 하자는 것이다. 만일 딸이 돌 고르는 것 자체를 거부하게 되면 부친은 감옥에 가야 되어 그녀는 살아갈 길이 막연해지게 된다. 그래서 상인은 어쩔 수 없이 제안에 동의했다. 그러자 심술쟁이는 세 사람이 서 있던 상인의 집 마당에서 두 개의 돌을 주워 지갑에 넣었다. 그런데 딸은 심술쟁이 영감이 지갑에 검은 돌만 두 개 집어넣는 것을 힐끔 보았다. 엉큼한 영감은 운명을 결정지을 돌을 선택하라고 마구 재촉했다. 이런 상황에서 당신이 딸의 처지라면 어떻게 하겠는가? 이런 경우 어떤 사고법을 사용하면 좋을까?

만약 여기에 알맞은 해결책이 있다면 신중하게 논리적으로 분석하여 해결할 수 있다고 생각할 것이다. 이런 유형의 사고는 수직적 사고인데, 이외에 또 다른 유형으로서 수평적 사고가 있다. 수직적 사고를 하는 사람은 이 경우 별로 도움이 되지 못한다. 생각하는 방법에 따라, 다음과 같은 세 가지 가능성이 고려될 수 있다.

(1) 딸이 돌을 고르는 것을 거부한다.
(2) 지갑을 열고 그 안에 든 두 개의 돌을 보여 빚쟁이 영감의 잔꾀를 폭로한다.
(3) 검은 돌을 집어내어 아버지를 감옥에 가지 않도록 자기를 희생한다.

세 가지 중 어느 것이든 이 방법들은 딸에게 도움이 안 된다. 왜냐하면 돌 고르는 것을 거부하면 부친은 감옥에 가고, 검은 돌을 집게 되면 그 늙은이와 결혼해야 하기 때문이다.

이 이야기는 수직적 사고와 수평적 사고의 차이를 잘 보여 준다.

수직적 사고를 하는 사람은 딸이 돌 고르는 행위를 해야 한다는 점에 얽매여 있다.

여기에 반하여 수평적 사고를 하는 사람은 지갑에 남아 있는 돌에 착안한다.

수직적 사고를 하는 사람은 사태를 냉정하게 관찰하고 논리적인 생각을 진행시키는 데 비해, 수평적 사고를 하는 딸은 사태를 다른 각도에서 바라보며 다른 방식을 생각한다.

상인의 딸은 지갑에 손을 넣고 돌 한 개를 집어낸다. 그리고 그 돌이 검은 것인지 흰 것인지를 확인하지 않고 바로 손에서 떨어뜨려 마당에 있는 돌 가운데 섞이게 한다. 그리고는 "어머! 실수했어요. 하지만 염려하지 마세요. 지갑 속에 남아 있는 돌을 보면, 지금 제가 떨어뜨린 돌의 색깔을 알 수가 있으니까요."라고 하면 된다. 물론 지갑 속에 남아 있는 것도 검은 돌이니까 처녀가 꺼낸 돌은 흰 돌이라고 단정 짓게 된다. 심술쟁이도 감히 자기가 저지른 속임수를 인정하지 않을 수 없다.

상인의 딸은 수평적 사고를 함으로써 궁지에 몰린 처지에서 탈출하고 협상에서 유리한 입장에 설 수 있다. 이런 경우 심술쟁이 영감이 정직한 사람이어서 약속한 대로 흰 돌, 검은 돌을 한 개씩 지갑에 넣었을 때보다 문제 해결이 훨씬 쉬워졌다. 흑과 백의 돌인 경우, 궁지에서 벗어날 기회는 50%에 불과하다. 결국 딸은 아버지와 함께 있게 되고 빚도 없어지게 되었다.

3. 착상을 풍부하게 한다(How 연구) - 대상 이용 착상법

무엇에 대하여 착상하는가(what)가 명확해지면, 이번에는 어떻게 하면 좋은 아이디어를 많이 생각해 낼 수 있을까(how) 하는 방법을 생각해 보자.

전혀 단서가 없으면 아이디어를 풍부하게 낼 수 없다. 단서를 어떻게 연구하느냐에 따라 착상법이 다르다. 착상의 단서를 자기가 알고 있는 물건이나 상황에서 찾는 방법이다. 자기가 잘 알고 있는 것에는 자연물이나 일상생활, 동식물, 자연 현상이 있다. 대상이 말없이 말을 걸어오면, 그것이 착상의 단서다.

※ 유비를 단서로 하는 시네틱스

유비(analogy)란 닮은 것에서 단서를 찾아낸다는 것이다. 예를 들면 용기를 밀폐하는 방법을 개발하려 할 때, 전혀 힌트 없이 아이디어를 내기란 어렵다. 그래서 대합조개의 밀폐법은 어떻게 되어 있는가? 하는 식으로 자연계에 있는 생물의 밀폐구조를 조사하고, 힌트 삼아 착상하는 방법이다. 자연계에는 메커니즘이 훌륭한 것이 많다.

[네 가지 유비 사고]

▶ 직접 유비(direct analogy) : 과제에 자기가 의도하는 바와 꼭 닮은 것을 찾는다.

▶ 의인 유비(personal analogy) : 만약 자기가 그 대상물이라면 하고 상상한다.

▶ 상징 유비(symbolic analogy) : 말이나 이미지로 추상적 사고를 하면서 단서를 찾는다.

▶ 공상 유비(fantasy analogy) : 꿈이나 소원을 그린 다음 그것을 실현하는 연구를 공상하고 거기에서 정말로 쓸 수 있는 아이디어를 얻는다.

다른 것끼리, 언뜻 보아 관련 없는 요소를 연결한다. 네 개의 유비는 연결하기 위한 구체적 방법이다.

지금 여러분이 뭔가 개발해야 할 테마를 안고 있다면, 자연물에서 유비를 찾아내어 정리해 보는 방법을 권한다.

1) 직접 유비한다

뚜껑이 필요치 않은 그릇을 개발하기 위하여 말 꽁무니를 쫓아다니며 배설 상황을 관찰한 예가 있다. 평소에는 닫혀 있어 한 방울 물도 새지 못하게 하지만, 막상 내용물을 내보내려고 할 때는 알맞게 열려 일정량의 내용물이 나오는 메커니즘이다. 뚜껑이 필요 없는 시스템의 힌트를 말의 배설 메커니즘에서 얻은 것이다.

아직 개발되지 않은 새로운 것을 만드는 데는 자연에서 배우는 것이 효과적일 때가 많다.

2) 사람을 모방한다(의인 유비)

이 기법은 원래 감각적이어서 쓰기가 어려운 기법이므로 전달이 어렵다. 다음과 같은 질문을 자기 자신에게 하고 마치 자기가 거기에 존재하는 물건이 된 듯, 감정이입을 한 후에 상상적 사고를 한다.

[예 1] 만약 시계 속에 내가 들어가 있다면 어떤 느낌일까?

[예 2] 만약 내가 고무줄이라 하고 고무줄 위에 있는 난쟁이라면 어떤 느낌일까? 점점 힘차게 늘어나는데 대체 어디가 늘어나고 있는가. 뿌리인가? 끝인가?

좀처럼 아이디어가 떠오르지 않을 때, 엉뚱한 자문자답으로 묘책이 떠오르기도 한다.

3) 심벌을 모방한다(상징 유비)

창조활동 때 심벌로 언어 조작은 중요한 역할을 한다. 중요성은 상상

이상이다.

앞서 연구한 기능추출도 말에 의한 창조활동 단계다. 시스템설계도 Input에서 Output까지 언어에 의한 기술이므로, 언어 조작은 중요하다.

언어 조작은 우리의 관습으로 말하면 수수께끼 놀이와 같다.

젊어서는 파랗고, 늙어서는 붉은 것이 뭘까요? 하고 물었을 때 고추라고 아이들이 수수께끼 놀이를 하는 것을 흔히 볼 수 있는데, 이것은 언어 조작의 좋은 예다. 젊다, 늙었다. 라는 말이 상징적으로 사용되고 있다.

4) 공상으로서 실현해 본다(공상 유비)

언뜻 보아 불가능한 것이라도 공상으로는 무엇이든 만들어 볼 수 있다. 그런 공상적 방법을 몇 가지 생각해 낸 뒤에 그 공상의 실현에 지혜를 쏟는 방법이다.

※ 곤충에게 지퍼를 잠그도록 하고 싶다

「시네틱스」에 소개된 우주복의 지퍼를 잠그는 방법을 발명하는 경우다. '어떻게 옷을 잠그려고 하는가?'라는 물음을 던져 기발함을 다투는 게임을 하고 있다. 종잡을 수 없는 많은 공상 중에서 "곤충을 훈련시켜 명령에 따라 지퍼를 열고, 닫게 하면……"이라는 공상이, 손을 쓸 수 없는 우주복의 개폐 시스템의 개발 힌트가 되었다.

새롭다는 것은, 이미 아는 시즈의 새로운 조합에 의해 새로운 가치가 생기는 것이다. 시즈 자체는 이미 어디엔가 있는 것들이다. 그러므로 착상법이란, 말을 바꾸어 표현하면 숨겨져 있는 시즈의 발굴법이라고도 할 수 있다.

▶ 유비법은 각자 두뇌 속에 숨어 있는 시즈를 발굴해 준다.

▶ 명상법도, 엉터리 강제적 연결법(예를 들면 전화번호부를 펼쳐 거기에 있는 상호와 살리고자 하는 시즈를 강제적으로 연결해 본다)도, 전부 숨어 있는 시즈를 어떻게 끌어내느냐 하는 궁리다. 엉뚱한 창조 사고법도 어떤 단계에 초점을 맞춘 가치 있는 것이다. 여러분 자신이 용기를 내어 창조 스텝을 밟아 보기를 권한다.

5장

실행하고 결단한다
- 실행력(결단력)

실행력이 있는 사람과 없는 사람은 분명히 있다. 사람의 성격이라고 생각할 뿐, 그 이상은 규명해 보려고 하지 않기 때문에 차이가 발생한다. 실행력은 4~5개 능력의 집합이다. 실행력 없는 사람은 이러한 4~5개의 능력이 부족하다고 할 수 있다.

① 목표설정력, ② 행동분석력, ③ 대책선별력, ④ 상황대응력이 그것이다.

지금 여러분이 몇 달 동안 고민만 하는 것이 있다면, 그 일을 왜 실행하지 못하고 있는가 생각해 보자.

※ 결단력의 본질

▶ 성산을 초월한 부분에 거는 정신

▶ 성공 방법에 대한 구체적 판단

▶ 목적 실현에 대한 강한 집념

이 세 가지가 결단력의 본질이다.

1. 리스크를 감수하는 판단

결단이라는 말과 판단이라는 말이 있다. 어느 쪽이 이득인가. 비교하여 결론을 내는 것이 판단이라면, 어느 쪽이 이득인지 불분명해도 굳이 결정하는 것이 결단이다. 결단에는 위험이 따르는 만큼 용기도 필요하다.

※ 사장과 부사장의 차이

부사장이었을 때 나는 여러 가지 결정을 하고 싶었다. 왜 이런 것을 결정하지 못하는가 하고 사장의 능력을 의심한 일조차 있었다.

그러나 내가 사장이 되어 보고 알았다. 종업원 전원과 그 가족, 나아가 우리 회사를 터전으로 삼고 있는 관련자들의 생계를 오롯이 내가 떠안고 있음을 알았다. 회사와 관련된 사람들의 생활을 내가 맡고 있다는 책임의 무게를 말이다. 부사장과 사장은 질적으로 다른 자리라는 걸 절실히 느꼈다.

샐러리맨 출신인 나는, 창업자 사장보다, 재산이 적다는 것을 한탄하곤 하였다. 사업에 크게 실패해도 사유재산이 풍부한 사장이라면 자기가 그것을 보전할 수 있다. 그러나 샐러리맨 사장의 저축으로는 사업 실패의 보전까지 할 수 없다. 새로운 사업에 진출할 때는 적자를 보전할 준비가 나름대로 되어 있을 때 비로소 결단을 내릴 수 있다. 에라 모르겠다! 할 경우가 있다.

사업 확장이 법인이라면, 개인 생활에서 최대 투자는 내 집 마련이다. 주택 매입을 결심하는 경우 보통 사람들은 무엇에 의하여 결단하는가를 생각해 보자.

▶ 자금조달의 가능성이 있는가?
▶ 변제 가능성이 있는가?
▶ 만약, 수입이 불안정해질 염려가 있을 때는 어떻게 하는가?
▶ 건축회사는 신용할 수 있는가?
▶ A 사가 판매하는 주택과 B 사의 그것과 어느 쪽이 좋은가?
　(부지는, 전망은, 방의 배치는, 교통편은?)

아무리 마음이 느긋한 사람이라도 최소한 이 정도는 생각한다. 궁리해도 판단할 수 없는 부분에서는 결국은, 에라 모르겠다! 하고 결정하는 경우가 많다.

주변의 예로 생각해 보자. 결단을 위해서 다음과 같은 스킬이 동원되고 있음을 알 수 있다.

구입 대금 조달 전망
⇒ 달성 가능한 목표인가

→ 목표설정 스킬

매월의 지불금액 한도
⇒ 차입금에 무리 없는가

신용할 수 있는 업자인가
⇒ 착수금이나 계약금을 사기당하지 않는가

→ 대책선별 스킬

A와 B 어느 쪽이 좋은가
⇒ 어느 쪽 집이 나은가

어떤 자금조달법이 있는가
⇒ 가장 좋은 자금조달은

→ 행동분석 스킬

집을 잘 구입하는 방법은
⇒ 어디를 보는 것이 중요한가

툭! 하고 등을 떠밀면.

최후의 결단은 의외로 하찮은 동기에 의해 결정되는 것 같다. 예를 들면, "집 보러 간 날이 길일이었다.", "역으로 가는 도중에 지저분한 길이 있다. 그 집은 싫다.", "그 집에는 마루 밑에 광이 있어서 편리하다." 등 주택 매입이라는 커다란 결정을 고민하는 고객에게는 어느 시점에 툭! 하고 등을 떠밀어 주는 친절이 필요하다. 무엇을 조언하고 무엇을 시사하면 고객이 결단하게 되는가는 고객의 성격과 사정에 따라 다르지만, 바로 결단의 스킬에 추가되는 최후의 조건은 툭 하고 등을 떠미는 무엇이다.

[지도자에게서 보는 결단의 양상]

루비콘강을 건널 결단을 한 시저에게는 한 사람의 양치기가 분 진군나

팔 소리가 등을 떠밀었다. 그것은 어떤 양치기가 병사의 나팔을 빌려 장난으로 분 나팔 소리였다.

2. 실행 상황을 이미지한다

결단의 첫 번째 포인트인 리스크 있는 결정을 내리는 용기는 무엇에 의해 생길까? 거기에는 복수책을 충분히 비교했다는 자신감과 내기의 정신이 함께 있어야 한다.

또 잊어서는 안 될 조건은 실행 방법에 대한 자신감이다. 아무리 많은 안을 검토하고, 득실을 비교하여 결단의 계기가 있어도 긴가민가 자신 없으면 맹단에 불과하다.

시저에게는 자기 군대의 강함에 대한 자신감과 구체적 기습 방법에 대한 승산이 틀림없이 있었을 것이다.

계약금, 중도금도 준비하지 않은 채 집을 매입하는 결단은 충동구매만도 못하다.

실행 준비로 구체적 순서까지도 판단되어 있는 것이 바로 실행력의 정체다.

"결단하고 나서 실행"하는 것이 순서인 것처럼 생각되지만, 사실은 그 반대다. 준비가 완전하면 언제든지 결단할 수 있는 구조로 되어 있다.

그러면 실행 준비란 무엇인가?

▶ 담당자가 실행을 위해 준비되어 있다 - 사람

▶ 실행에 필요한 도구와 돈이 준비되어 있다 - 물자

▶ 실행에 들어갔을 때의 방법과 순서가 정해져 있다 - 시스템

실행할 때 사람·물자·시스템 세 가지가 갖추어지지 않으면 움직일 수 없다. 실행력 있는 사람은 이 세 가지를 궁리하는 습관이 있다. 해야 하느냐, 말아야 하느냐를 따지기 전에 '정말 할 수 있을까?'라는 생각을 하고 즉시 현장에 나가 조사해 본다.

할 수 있는 전망이 서면 바로 해야 하느냐, 하지 않아야 하느냐를 논하고, A 안을 택하느냐, B 안을 택하느냐를 고민한다.

목표설정은 논쟁하는 의미가 있지만, 논쟁으로 방법론의 우열을 결정해서는 안 된다.

3. 여하간 움직이는 것의 중요성

결단력과 실행력을 낳는 포인트는 '걸으면서 방향을 찾는다.' 하는 정신이다. 어떤 일을 시작도 전에, 앞으로 펼쳐질 상황을 읽어 내기는 어렵다.

결단에는 먼저 용기가 필요하다. 위험도와 성공도가 반반이라도 'GO!'의 결단을 할 수 있는 것은, 진행해 가는 동안 이럭저럭 길은 찾아진다고 하는 도중에 궤도를 수정할 기대가 있기 때문이다.

서방정토 미지의 길을 찾아 나서는 삼장법사처럼, 앞날에 어떤 장벽이 길을 막을지 알 수 없어도, 여하간 서쪽으로 한 발씩 내딛는 것이 난관의 정체를 아는 유일한 방법이다.

할 수 없는 이유는 얼마든지 찾아진다.

최소 한 발을 내딛는 용기는 어디서 생길까? 그것은 목표에 대한 강한 집념이다.

삼장법사의 불법에 대한 정열은 주저 없이 서쪽으로 나서는 제일보를 내딛게 했고, 오직 서쪽으로 향할 수 있는 용기를 주었다.

실행력 있는 사람은 할 수 없는 이유를 생각하지 않는다. 일단 하는 것을 전제로 할 수 있는 방법을 먼저 생각한다.

세일즈맨이 상품이 팔리지 않는 이유를 품질과 가격 탓으로 돌리는 핑계를 대기 시작하면 실격이다. 품질이 좋고 값이 싸면 누구든지 잘 팔 수 있다. 값도 더 이상 내릴 수 없고 품질도 비슷하여 경쟁이 심한 상품이기 때문에 세일즈맨이 필요하다.

▶ 성산을 넘는 부분에 내기를 거는 정신 - 위험을 감수하는 정신
▶ 성공하는 방법에 대한 구체적인 실행 상황을 읽는다.
▶ 목적 실현에 대한 강한 집념 - 행동을 시작하고 본다.

역량8 목표설정력(이미지 만들기)

※ 목표설정력이란?

목표설정력을 한마디로 말하면 "골(goal)이 이루어지는 상황 상상력"이라 할 수 있다. 1년 후 매출을 2배 늘리겠다는 목표를 입으로 표현하기란 쉽다. 그러나 1년 후 매출을 2배 달성했을 때의 모습은 어떤 상황일까? 이를 생생한 모습으로 그리는 일은 쉽지 않다.

▶ 점포 하나에서만 매출이 2배가 되는 상황인가.

▶ 점포 수가 3개로 증가하고, 매출이 2배가 되는 상황인가.

▶ 상품 종류가 풍부해지고, 가격도 올라서 매출이 2배 증가한다는 말인가.

이 세 가지 모두 전혀 다른 골(goal) 이미지다.

골(goal) 이미지란, 어떤 골을 생생하게 그림 보듯 설명할 수 있는 능력이다.

골 이미지에 현실성을 부여하는 능력은 효용이 크다. 문제감지에서는 골 이미지가 간절한 사람일수록 현실과 갭을 예리하게 깨달을 수 있다. 아픈 아이의 치료법을 찾는 사람은 해맑게 웃고 있는 아이의 이미지를 가슴에 품고 산다. 또 문제 해결에서는 실행 가능성이 있는 대책과 무리한 대책의 구별에 도움이 된다. 상품개발에서는 아이디어를 사업에 연결하는 실제적 지혜이기도 하다. 그러므로 이 스킬은 "창조력과 개선력"

의 핵이다. 또 이번 주제인 "결단력과 실행력"의 중심 능력이기도 하다.

※ 목표설정력을 익힌다

▶ 창조적 일의 출발점은 goal을 구체적으로 그리는 데서부터 시작한다.

▶ 골 이미지가 없을 때 행동을 일으킬 용기를 가질 수 없다.

▶ 골 이미지가 그려지지 않으면 소망에 불과하다. 소망만으로 행동할 수 없다.

1. 골 이미지(Goal image)란?

마라톤의 골은, 출발선상에서 42.195㎞를 가로지르는 흰 테이프다. 트랙 주위에는 경기장을 가득 메운 관중들이 1위로 골인하는 주자를 조마조마 기다리고 있다. 출발선상의 선수들 마음속에는 골 이미지가 새겨지고, 흰 테이프를 가슴으로 터치하는 자기의 장한 모습을 선명하게 그리고 있다. 우승 후보에게 이런 이미지는 익숙하다.

목표라는 단어가 여러 의미로 쓰이고 있다. 목표설정도 다양하게 해석되고 있다. 그 혼용이 비즈니스에 잘못된 교육을 낳고 있다.

2. 목적 = Purpose와 objective

Purpose와 objective 둘 다 목적이라고 사전에 번역되어 있다. 영어는 의미에 따라 분명하게 가려 쓴다.

Purpose는 주관적이다. '일생을 바쳐서 해내지 않으면 안 된다.'라고 결심한 무엇이다.

Objective는 객관적인 목적물이다. 뜻을 이루기 위해 해야 할 무엇이다.

3. 목표 = Goal과 target

Goal과 target 모두 목표라고 사용되고 있다. 영어에서는 구분이 분명하며 다음과 같이 사용되고 있다.

Goal 어떤 기간에 실현된 상태를 말한다. 1개월 후에 틀림없이 ○ ○ ○ 을 완성한다. 하는 식이다.

Target 본질적으로 시간과 무관하게 계획하는 무엇이다.

4. 목적과 목표의 관계

목적에는 구하는 기능이 나타나 있고, 목표에는 실재감이 있다. 평생에 걸쳐서 의사가 된다는 목적이고, 10년 후에는 병원에 근무한다는 목표인 데에 실현성에 차이가 있다.

목적을 더욱 구체화하기 위하여,

When(언제까지에)의 물음을 하여 goal화 하고,

What(무엇을)의 물음을 하여 target화 하고,

How much(어디까지)라는 물음을 하여 result(성과)를 명확화한다.

▶ Target화 한다 ― 표적을 입수대상물로 표현한 것이다.

▶ Result화 한다 ― 성과 정도를 측정 척도로 표현한 것이다.

매출 2배 증가라 하면, 현재 매출액×2배라고 하는 결과로 표현한 것이 목표다. 여기서는 성과 목표라고 부르기로 한다.

매출 2배 증가를 말하기는 쉽다. 말로만 떠들어서는 매출이 2배 증가하지 않는다. 2배 증가라는 구호는 2배 증가에 대한 노력을 시작하는 계기일 뿐이다.

판매를 확대하자는 어떤가? 이것도 2배 증가라는 숫자를 좀 더 추상적으로 바꾸어 표현했을 뿐, 해결의 실마리는 아니다.

그러면 "목표 100점포!"라고 외치고 있는 숫자는 어떤가? 똑같이 매출 2배 증가라는 성과를 노려도 적게나마 방침이 포함되어 있다.

그 방침은 "점포별 매출 신장은 차치하고 먼저 점포 수를 늘릴 것!"이라는 목표가 제시되어 있기 때문이다. 점포 수가 100개로 늘어났을 때, 매출액이 얼마만큼 증가하는가는 정해질 것이다.

5. 성과목표(result)와 행동목표(action)

사람들은 자기 목표를 분명히 밝히기를 꺼리는 경향이 있는 것 같다. "열심히 하겠습니다!"라고 하며 노력하지만, "1년 후에 얼마를 팔아 보겠다."라고 말하지 않는다. 언제까지 어느 정도까지 하겠다고 명백히 말하는 습관이 되어 있지 않다. 자신에 대해서나, 상사나 부하에 대해서도 마찬가지다.

"어디까지 하는가는 자네가 결정하게!"라는 주체성 존중의 배려가 작용하고 있다고 생각된다. 개인별 계약으로 진행되는 서구와 동료 의식으로 일하는 우리의 차이가 여기 있다. 기업에서는 조직의 성과목표(result)는 만들지만, 개인별 결과에 대한 책임(accountability)은 어물쩍 넘기고, 서로 덮어 주면서 목표 실현에 이르는 것 같다. 업적이 달성되었을 때나 달성되지 못했을 때도 마찬가지다. 평가 시즌이 되면 팀원들 사이에 묘한 기류가 흐르는 것은 이 때문이다.

서구에서는 자동차 판매나 주택이나 보험 판매 등은 당연히 개인별 성과 목표로 임금을 받는다. 우리는 개인과 팀 양쪽의 매출지표를 두고는 있지만, 팀 전체의 업적을 올리는 쪽으로 추세가 옮겨 갔다. 그러므로 미국식 세일즈 성공담은 우리에게 잘 맞지 않는 것 같다.

목표설정에 중요한 논점은 성과 숫자를 할당해도 당장 업적이 오르지 않는다는 점이다. 성과 달성을 위한 전략논의가 너무 없다. 목표가 애매한 원인이 여기 있다.

Goal을 어떤 식으로, 그리고 target을 무엇에 집중하는가라는 실행 목표의 기본이 제시되어야 하지만, 많은 관리자는 그것의 공포를 피하려고만 한다. 자기 마음에 성공할 가능성이 있다고 해도 그렇다.

왜 100점포인가!

그럼, 다시 "목표 100점포!"로 돌아가 보자.

사장이라면 어떨지 모르지만, 사원의 입장은, 모두가 특정 지역의 대리점에서 일하고 있으므로 다음과 같이 말해 주는 것이 훨씬 이해가 빠르다.

"광주점, 부산점, 원주점 등 3개를 5월 말까지는 개점한다."

"대구점, 전주점, 세종점은 9월 말까지 개점한다."

"나머지 5개는 현재 예정지 탐색 중이므로 9월 말까지는 입지 선정의 결론을 낸다."

"모두 합하여 100점!"

사실 사장 자신은 위와 같은 판단이 당연히 있을 것이다. 종업원과 대리점당 목표는 대리점별 이익계획을 계산하면 나온다. 혹은 전년 매출 실적의 x% 증대라는 식으로 획일적 규칙이 적용되어 결정되기도 한다.

매출 증가예산은 이익계산상의 결과로 제시되지 않으면 안 된다. 필요 이익이 오르지 않는 정도라면, 급료도 지급할 수 없고 회사는 망할 수밖에 없다.

6. 노르마와 자기선언의 차이

이익계산에서 오는 노르마는 당신이 주체적으로 세운 목표와 다르다. 노르마는 조직이 당신에게 부과한 필요 매출액 숫자다. 조직의 일원인 이상 그것을 부정할 수 없다.

한번은 노르마를 잊어라. 환경을 분석하여 냉정한 판단하에 얼마만한 성과 목표를 세워야 하고, 그 숫자가 조직이 부과한 노르마와 일치하는가, 밑도는가를 비교하는 일이 중요하다. 합치되지 않아 신경 쓸 것이 아니라, 자신이 부과한 노르마가 자기 성장에 유익하고 정열을 쏟을 만한 자극이 될 것 같은가가 마음에 둘 부분이다. 성과 숫자를 아무리 책상 앞에서 논의해도 매출이 향상되지 않는다. 매출 비결은 숫자의 크고 작음이 아니다. 자기 자신이 수치를 뒷받침하기 위해 어느 정도 새로운 도전을 해야 하는가를 자각하는 것이다.

매출액이 높은 업계 고수들의 체험담을 들어보면, 다음 세 가지다.

▶ 자기 스스로 노르마를 부과하라(자기 기대 수준).

▶ 자신이 부과한 노르마를 달성하기 위한 구체적인 순서와 방법을 생각하라(시스템디자인).

▶ 방법을 끝까지 지키는 것을 진짜 노르마라고 생각하라(행동화한 목표).

이 세 가지는 이미 배운 "문제 해결의 프로세스" 바로 그 자체다. 당신의 지혜로 디자인한 방법을 실행하기만 하면 문제는 풀린다.

성과 숫자는 도전해야 할 문제의 크기는 보여 주지만, 행동으로써 노력 방향을 보여 주지는 않는다. 이것을 행동화한 목표로 바꾸지 않으면 실행으로 연결되지 않는다. 이것이 목표설정이다.

「창조력과 개선력」의 마지막 장에 목표설정을 잠깐 언급하고, 이 장 주제로 연결한 것은 실행 목표설정이기도 한 점을 강조하고 싶었기 때문이다.

그럼, 실행 목표설정에 대하여 알아보자.

성과 목표는 최종업적을 표시하는 것이라 조직 전체에 주어지는 경향이 있다.

실행 목표는 조직에서 확대 표현할 수 없는 성질이 있다. 과 전체로 명함 1,000매 돌리기라고 해서는 효과 없다.

역시 한 사람 한 사람이 각각 100매의 명함을 돌리지 않으면 개인의 노력을 기대할 수 없다. 그런 개인 노력을 10명의 판매사원이 각각 실행할 수 있을 때 비로소 과 전체의 목표인 1,000매가 가능하게 된다. 개인 목표냐, 조직 목표냐의 논의는 실행 목표단계에서는 논할 필요 없다. 개인의 노력 없이 조직 목표는 달성되지 않는다.

※ 토목공의 3일 공사

옛날에 한 토목공이 성주로부터 무너진 성벽을 단 3일 만에 쌓으라는 명령을 받았다. 길이가 100간이나 되어 보통 사람이 생각하기에는 불가능한 일처럼 보였다. 그러나 지엄한 성주의 명령이니 일을 완수할 수밖에 없었다.

필사의 지혜를 동원하여 토목공이 얻어 낸 묘안은 "세분한 목표설정"이었다.

100간의 성벽을 3일 만에 완성하기는 어렵지만, 10간이라면 3일 만에 완성할 수 있다고 생각했다. 100간이라 생각하니 안 되는 것이다. 10간이라 생각하면 된다. 따라서 10개 조에 10명의 토목공을 붙여 조별 담당 구역을 정하고 3일 동안 최선을 다해 작업하라고 지시를 내렸다. 각 조의 구성은 당연히 목수, 미장공, 잡부를 혼합한 팀이었다.

현대 비즈니스에서 말하는 직무충실화다. 소집단에 의한 완결적 작업 방법이 실시되었다.

목표설정이란 ① 그 개인에 대하여 ② 할 수 있는 범위 내에서 한정한 목적을 ③ 명확한 목표 이미지로 ④ 행동으로 이어지는 형태다.

앞의 사례는 공사 담당 범위를 각 조에 특정하는 형태로 명확성을 높였다. 또 도달목표를 시간과 함께 세분하여 목표 행동을 설정하였다.

7. 목표는 연쇄한다

단번에 "에베레스트 정복"을 목표로 잡아도 아직 희망일 뿐이다. ① 우선 베이스캠프를 A 계곡 아래에 ② 다음은 제2캠프를 폭포 위에 ③ 그리고 제3캠프를 능선 부근에 하는 식으로 정상은 잊고, 마치 세분화된 목표가 최종목표인 것처럼 행동을 그것에 집중한다. 그 하나하나의 target을 실현해 가는 것이 높은 산을 정복하는 유일한 길이다.

목표설정의 어려움은, 성공을 위한 필요 수단으로 무엇을 선택하느냐 하는 것이지, 최종 성과나 중간 성과의 선택은 어려운 일이 아니다.
실행도 마찬가지다. 성공을 위한 수단을 행동목표로 설정하고 빠짐없이 수행하면 된다.

최종 목표달성에 이르기까지 생기는 여러 가지 전략 전술은 연쇄한다.

8. 당신의 행동목표는

자신의 비즈니스에서 입장은 어떠한가?

▶ 경영의 톱(top)인가?

▶ 사람과 조직을 톱으로부터 위임받은 부문 관리자인가?

▶ 아니면 제일선의 player인가?

각각 입장에서 실행 목표설정을 생각하며 연습하자.

실행 목표설정법은 다음과 같다.

▶ 목표 시점은 언제인가를 결정한다(6개월 후인가? 1년 후인가?).

▶ 그 시점에서 최종적으로 어떤 성질의 성과가 있으면 되는가.

▶ 당신이 바라는 최종 성과는 다음 중 어느 것에 해당하는가.

  - 그것은 단순히 결과를 나타내는 숫자인가?

  - 그것은 단순히 상투적인 구호와 같은 것인가?

  - 그것은 어떤 상황표현인가?

▶ 숫자라면 그 숫자를 다른 말로 바꾸어 표현해 보자. 상황을 표시하
   는 이미지로 바꾸어라.

  - 상투적인 말이라면 그러기 위한 구체적 수단을 연구하고 새로운
     상황으로 변환하라.

  - 상황표현이라면 다음 단계로 진행하라.

▶ 실행 목표설정이란 일정 시점에, 일정 장소에서라는 그림으로 그릴
   수 있을 만한 상황이 (어느 정도까지) 실현되어 있는가를 이미지
   하고, 말이나 글로 표현한다.

   자기의 목표를 언제, 어디서, 어떤 식으로, 어느 정도까지라고 하는
   질문을 섞어서 길게 문장화해서 상황적으로 표현하라.

▶ 그 문장을 다른 사람이 보고 "아, 그 이미지라면, 나도 알겠어요."라
   고 말해 준다면 합격이다.

처음에는 정량화하기 힘든 문제로 연습해 보자.

※ 정량화가 어려운 목표

예를 들면 이번 공부를 통하여 나의 지적 스킬을 높인다는 목적(objective)임에 틀림없다. 이 목적을 지금 당신 입장에서 정량화된 실행 목표로 나타내 보자.

[예 1] 14개 역량 공부가 전부 끝날 때까지 self training을 실시한다(연습실시율 100%).

[예 2] 14개 역량 중 2개 정도를 일상에서 시행해 본다(일상 시행항목 2항목×14=28항목).

▷ Self Training 1 - 목표설정력을 높인다

다음 10개 항목에 대하여 맞는 것에 ○표, 틀린 것에 ×를 하시오.

	○/×
1. "매출액 100억, 경상이익 20억 달성"은 행동 방침을 나타낸 목표다.	
2. 3년 후 전국 시군별 1개 대리점을 계약하고 대리점마다 30억 원 수수료 수입을 달성한다. 이것은 행동 방침을 나타낸 목표설정이다.	
3. TV에서 "부모님을 공경합시다."라고 공익광고를 하는 것은 목표지 목적이 아니다.	
4. 당신이 목표를 명확히 설정하면 그 순간 해결해야 할 "문제"가 성립한다.	
5. 방침이란, 목적에 이르기 위한 많은 길 가운데 하나를 선택하여 목적 달성 수단을 생각하는 근거로 삼는 것이다.	
6. 성과의 정량화란 숫자를 써서 표현하는 것을 말한다. 그 이외의 방법은 성과 목표라고 말하지 않는다.	
7. 목표를 설정하는 것은 부하와 상사 사이에 도달점의 이미지를 일치시키기 위해서다.	

8. 관리 부문의 업무는 실행 목표설정이 어렵다.	
9. 실행 목표를 상급자가 너무 자세하게 정하면 부하직원은 의욕을 잃는다.	
10. 목표 없이 그저 행동하는 것만으로는 성장하지 못한다.	

▷ Self Training 2 – 목표설정력을 높인다

다음을 읽고 ( )칸을 만드시오. 그리고 그 부분이 최종 성과목표, 중간 성과목표, 수단 실행목표 중 어느 것에 해당하는 목표인가를 생각해 보세요.

올해 안으로 어떻게 해서든지 골프 실력을 100까지 올려놓아야겠다고 생각하고 있다. 그러나 100이라는 벽은 쉬운 일이 아니다. 작년 말 102를 낸 것이 지금까지의 베스트 스코어다. 하프로 49~47 사이를 겨냥하지만 쉬운 일이 아니다.

원인은 퍼팅이라고 생각한다. 스리 퍼팅이 하프에서 3개 정도 나니 안타깝다. 라인 판단도 틀리는 경우가 많아 거리감 파악도 과제다.

한 가지 안심이 되는 것은 드라이버가 제법 바르게 날아가게 된 일이다. 퍼팅 실력 향상을 위해 집 안에 퍼팅 연습기를 설치해서 연습해야겠다.

▷ Self Training 1 해답

1. 금액 목표만으로는 행동할 수 없다.	×
2. 중간적인 성과목표이기도 하지만 행동 지침이 나와 있다.	○

3. 목적이라고는 할 수는 있지만, "공경이란 무엇인가"에 대한 개념이 명확하지 않다.	×
4. "문제란?"의 정의를 상기해 보기 바란다.	○
5. 방침은 해결 방법을 틀림없이 제시한다.	×
6. 숫자를 쓰면 분명히 알기 쉽다. 그러나 숫자가 아니라도 정량으로 표시하는 방법도 있다. 예를 들면 "○○작업을 할 수 있을 때까지" 교육하는 경우 등. 물론 100% 사람이라고 숫자를 넣으면 되지만.	○
7. 자기만이라면, 꼭 표현해 볼 필요가 없을지도 모른다.	○
8. 목표설정이 어려운 것은 분명하다. 그러나 하면 할 수 있다.	×
9. 너무 자세하게 방법을 정하면 그렇다. 그러나 방향이나 방법의 선택을 전혀 시사하지 않는 것도 의욕 상실의 원인이 된다.	○
10. 문제를 해결하며 발전하기 위해서는 목표설정을 해야 한다.	○

▷ Self Training 2 해답

	ⓐ 골프	ⓑ 생명보험
최종 성과목표	연내에 한 번이라도 100으로 1라운드 하는 것	연간 1만 5천 건 계약성립 (각자의 업적 50% 향상)
중간 성과목표	1. 드라이버를 친 후 굽히지 않는다 2. 3퍼팅 미만으로 줄인다.	1. 팀별 업적 1개월 평균 250건 → (300건) 2. 법인 쪽의 계약체결을 15사 증가한다.
행동 목표	1. 퍼팅의 거리와 치는 강도의 관계를 터득한다(연습기와 현지에서). 2. 잔디의 상태를 의식적으로 파악한다.	1. 대형 슈퍼보험으로 법인 15사 집중 공략 2. 대형 세일즈의 어프로치 훈련과 클로징 방법 훈련 3. 설득 성공담을 팀 내 공유

역량 9 행동분석력(노하우 찾기)

행동분석이란, 경험에 바탕을 둔 지혜를 사용하여 일을 성공시키는 사람들의 업무 요령을 분석하는 것이다. 어떤 기능이든 움직임을 세심하게 탐색해 보면, 일을 성공시키고 있는 요령의 정체를 알 수 있다.

단순히 인간 동작의 분석만으로는 발견할 수 없는 머리의 작용, 마음 쓰는 법을 파악하는 것이 중요하다.

자동차 운전만 보더라도 그렇다. 단순히 핸들을 조작하는 것만이 아니다. 길모퉁이까지 거리, 회전 각도, 맞은편에서 다가오는 차량 속도, 도로 폭, 갓길 상황 등의 분석이 운전자의 두뇌 속에서 끊임없이 일어나고 있다.

실행에 자신감을 얻기 위해 선진사례(Best Practice) 연구, 벤치마킹, 문헌 조사, 실험과 답사와 같은 기법들을 연구하고 분석하는 것이 필요하다. 이 모든 것이 행동분석이라는 넓은 주제에 해당한다.

해결해야 할 문제의 성격에 따라 기법을 달리한다. 이 중에서 선배 또는 베테랑의 노하우를 연구하여 실행 힌트를 찾는 것이 행동분석의 선두 주제다. 문제 해결에 대한 다급한 일정 때문에 고민해 본 분들이라면 행동분석의 요긴함을 감 잡을 수 있을 것이다.

▶ 문제만 깨달으면 곧장 방법이 발견되는 목표도 있다. 그러나 목표

는 분명한데 방법 찾기가 어려운 경우도 많다.

▶ 특히 사람의 숙련도에 의존하는 업무, 전문능력이 필요한 업무에서는 그 분야 베테랑의 노하우를 효과적으로 구성원들에게 알리고 잘 전달하는가가 실행력의 포인트가 되기도 한다.

▶ 행동분석은 부하 육성법일 뿐만 아니라 여러분 스스로 행동이란 무엇인가를 깨닫는 데에 효과적이다.

이와 같이, 행동분석 스킬은 세일즈나 마케팅 부문에서 많이 활용되므로 별도로 공부할 것을 권한다. 선진사례(Best Practice) 연구, 벤치마킹, 문헌 조사, 실험과 답사와 같은 기법들도 적재적소에 응용할 수 있는 무기다.

역량 10 대책선별력(손익 비교)

실행의 뒷받침에는 무엇보다 그 안(案)이 최선이라는 자신감이 중요하다. 자신감은 여러 안을 상호 비교할 때 나온다.

어느 안이 경제적으로 유리할까, 어느 안이 목적에 적합한 효과가 있을까, 또 어느 안이 성공확률이 높을까 등, 여러 각도에서 하나의 안을 골라내게 된다. 이것이 결단을 내리는 데에 도움이 된다. 이러한 분석 없이 결단하면 뒤에 일이 꼬이거나 실패할 수 있다.

아래와 같은 대책선별법이 있다.

▶ 손익계산법 : 어느 쪽이 이익인가를 연구한다.

▶ 성공확률 분석 : 어느 쪽이 성공할 것 같은가를 분석한다.

▶ 강점·약점 분석(rival analysis) : 대책안을 수립할 때 경쟁상대나 경쟁제품이 예상되면 경쟁자와 자기의 강점·약점을 분석한다. 마케팅에서 실행전략을 수립할 때 자주 쓰는 대중화된 기법이다.

1. "복수안"이라고 말하지만

① 문제감지 ② 문제를 풀기 위한 사실수집 ③ 원인 규명 ④ 해결을 위한 대책 세우기 ⑤ 그것을 실현해 가기 위한 시스템을 설계 ⑥ 실현에 관한 아이디어를 모집 ⑦ 무엇을 실행하면 좋은가의 목표 정하기가 이제까지 사고 흐름이었다.

그러면 실행단계에 이른 우리는 복수안으로 그 선택에 직면하고 있다. 목표설정 단계에서 목표는 하나로 집약되어 있으나, 목표달성 방법은 단 하나로 집약되어 있지 않다.

간혹 문제 해결의 초기 단계인 아이디어를 모집하는 단계에서 대책 수단을 하나로 집약하는 경향이 있다. 그러나 대책은 하나지만 실행하는 수단과 방법은 여러 가지가 있을 수 있다. 그래서 대책선별력의 첫 번째 요소로 복수안을 생각해 내는 스킬을 학습해 보자.

복수안이라 하면, 무엇이라도 좋으니 두 가지 안을 만들면 되는 것이 아니냐고 잘못 생각하는 사람이 뜻밖에 많다. 초보자에게 복수안을 작성시키는 훈련을 부과해 보면 일단은 만들어 오지만, 사상이 같은 경우가 많다. 조건의 일부 숫자만 바꾼 것에 불과하다.

같은 목적에 복수안이 생기는 것은 사상을 달리하는 방법론이 존재하기 때문이다. 사상에 차이가 없는 모양만 갖춘 안은 선택 가부를 판정할 가치가 없다.

먼저 타입 A는 복수안이라 해도 형식뿐이며 내용이 비슷하여 효과가 없는 두 개 안이다.

[타입 A]
(제1안) 서울역 오전 7시 출발 / 부산역 11시 30분 도착
(제2안) 서울역 오전 8시 출발 / 부산역 12시 30분 도착

[타입 B]

(제1안) 서울역 오전 7시 출발 / 부산역 11시 30분 도착

(제2안) 김포공항 오전 8시 출발 / 김해공항 9시 도착

부산역에 도착이 11시 30분이냐, 12시 30분이냐의 선택은 변별력이 없다. 12시에 부산역 근처에서 하는 상담이라면, 제1안은 좋지만 제2안은 시간을 맞출 수 없다는 결론만 나올 뿐인 안이다. 만약 오후에 볼일이 있다면, 어느 쪽 안이라도 무방하다.

비즈니스에서 이런 복수안을 세운다면 낭패다.

복수안은 같은 목적에 대해 두 가지 이상 사상이 다른 부분을 갖추어야 한다.

타입 A의 경우라면 차라리 최선의 안 하나를 처음부터 정하는 편이 낫다.

타입 B는 다른 사상이 더해져 있다. 그 하나는 시간 절약이다. 그리고 다른 하나는 몸의 편안함이다. 부산에서 12시에 볼 일이 있다면 기상 시간과 다른 일을 고려하여 타입 B를 생각한다. 본인도 의사결정하는 보람 있는 복수안이다.

흔한 예를 들었지만, 복수안을 만드는 포인트는, 채택자의 방침을 물을 만한 이질 부분을 두 가지 이상 안고 있어야 한다는 점이다.

타입 A의 경우, 특별한 이질 부분은 없고, 출장자가 집을 나서는 시간 차이만 있을 뿐이다. 이것을 단순 차이라고 부르기도 한다.

타입 B의 경우, 이질 부분은 ① 편안하게 여행하고 싶은가 ② 부산에서 다른 일을 볼 수 있는가의 두 가지이며, 그 외에 출장자가 집을 나서는 시간 문제가 있다. 이것을 이질 차이라고 부르기도 한다.

단순 차이란, 방침 내용이 같고 그 외는 단지 숫자만 바꾸는 것.

이질 차이란, 그 수단이 의미하는 방침상의 차이가 있는 것.

2. 사례연구 - 어느 쪽을 선택하는가

[예제- 집 고르는 이야기]

길동씨는 집을 살까 말까 고민하고 있다. 고민의 초점은 여러 가지다. 지금까지 조사하여 후보안을 만들었는데, 선택을 고민하고 있다.

1) 효용성

집을 고를 때 포기해야 하는 것이 무엇인가를 결정하는 것이 중요하다. 즉, 충족시키려는 것은 무엇일까?

우선, 충족시키고 싶은 것은 주택 기능의 효용성이다. 집의 기능에 대하여 전 가족의 가치 기준이 일치한다면 별로 고민하지 않아도 되겠지만, 대개의 가정에서는 가족 개개인이 요구하는 기능이 다르다. 의견일치를 보기 위해서 충돌도 생길 수 있다. 가장의 소원인 서재를 중시하면 방의 수가 늘어야 하고 그만큼 가격이 비싸진다. 아이들의 통학 거리를 고려하면 도심을 선택하게 되는데, 가격이 비싸 방 수가 적어진다. 결국 '최대 효용이 무엇인가.' 하는 점에 전원이 일치하지 않으면, 가족회의는 결론이 나지 않는다.

효용성 = 가족 구성원마다 생각이 달라

길동 씨의 고민도 어쩔 수 없이 깊어진다.

당신에게 집이란 무엇인가. 어떤 기능이 필요한가? 기능을 중시하는 사람은 짧은 통근 거리, 짧은 통학 거리와 안전성 때문에 아파트를 선호하는 것 같다. 주거생활을 중시하는 사람은 정원이 딸린 단독주택을 선호한다. 통근 거리는 멀어도 넓은 정원과 꽃을 가꾸고 여가생활을 즐기며 인생을 풍요롭게 살고 싶어 하기 때문이다.

즉 효용성이라는 척도만은 다른 사람이 간섭할 수 없는 영역이다. 상가나 업무 공간 선택은 어떤가? 개인 생활과 달리, 기능 효용을 추구할 수 있다. 같은 건물이라도 제품 수송의 편리성, 고객과 거래 편리성 등을 선택한다.

그런데 그와 같은 효용성을 나타내는 안은 선택할 때 필수조건이 되므로 아무래도 절대조건 항목으로 취급하지 않으면 안 된다. 절대조건이라는 것은 다른 조건은 모두 타협한다 해도 그것만은 양보할 수 없는 중요 항목이다.

길동 씨는 절대조건 항목으로 다음 세 가지를 선택하였다.

(1) 침대를 놓을 수 있는 방이 2개 이상이어야 한다(주거 기능, 아이 둘과 부부 방).
(2) 역에서 걸어서 갈 수 있는 거리여야 한다(멀어도 이 조건만 갖추면 된다).
(3) 집이 남향 또는 동남향(생활기능, 일조량 관계 때문에)

가능하면 다음과 같은 효용도 어떻게 실현할 수 없을까 하는 희망 조건을 다음과 같이 묶어 정리하였다.

- 가능하면 1시간 이내에 출퇴근할 수 있을 것
- 서재 같은 코너를 만들 수 있을 것(가능하면 방 한 개를 차지할 수 있을 것)
- 아이들 방은 칸을 막더라도, 두 아이에게 나누어 줄 수 있을 것
- 녹지를 만들 수 있는(베란다 또는 정원) 공간이 있을 것
- 시장 보기가 편리할 것
- 아이들 통학 시간이 가능하면 10분을 넘지 않을 것

예에서 알 수 있듯이, 희망 조건도 주택의 기능에 대한 요구다. 가능하면 모든 기능을 절대조건으로 하고 싶지만, 곧이어 설명할 경제성 때문에 일단 희망 조건으로 남겨 둔다. 돈 부담이 없다면 모두 절대조건으로 두고 해당하는 집을 찾으면 된다.

2) 경제성

효용에 차이가 없다면 경제성이 뛰어난 편이 좋다. 경제성이라는 말의 정의는 어렵다.

가능한 저렴한 비용으로라는 경제성 개념은 반드시 효율만을 의미하지는 않는다. 긴 안목으로 어느 안이 돈을 유효하게 쓸 수 있을까를 고민하는 것이 경제성 비교다. 자금을 고려하여 금리까지 생각하는 손익계산이 경제성의 척도다.

단기적으로 A 안이 이득인 것 같아도 장기적으로 보면 B 안이 유리한

경우가 그것이다. 성장경제 때와 성장둔화 상황에서 경제성이 차이 나는 경우도 있다.

비교의 원칙은 무엇인가. 경제성의 비교원칙은 다음 두 가지다.

- 무엇과 무엇을 비교하는가. 비교 대상을 명확히 한다.
- 비교하려는 복수안에, 다른 요소가 무엇인가를 파악하고, 비용과 수익을 추정한다.

비교 안을 집약해야 한다. 비교 안이 어느 정도 차이가 나는가를 아는 것이 중요하다.

길동 씨의 주택 매입을 교외 주택과 도심 아파트 간의 경제성으로 비교해 보자.

일상생활의 경제성이라는 면에서는 어느 정도의 요소를 생각해야 할 것인가? 다음 여섯 가지 요소 정도는 비교해 보아야 한다.

※ 일상의 경제성

1. 매월 유지비의 차(관리비, 보수비)
2. 치안과 편리시설(경찰서, 병원)
3. 통근 경비(일하는 가족 전원의 통근 비용)
4. 냉난방비의 차(계산하기 어렵지만 이 차는 크다)
5. 시내로 나갈 때 가족의 교통비(택시비 포함)
6. 세금의 차(고정자산 관련 세금)

단기간
경비의 비교
×원/월당

※ 장기투자로서의 경제성

  1. 장래 환금할 때 양도가액의 추정비교(팔기 쉬운가, 가격상승률은?)
  2. 매월 지급하는 금리의 누적 차(주택은행 융자액, 기타 차입액 등,
     금리총액이 다르다)

또, 임대주택과 자택을 비교하여 어느 쪽이 이득인가 하는 비교도 중
요하다. 비즈니스의 세계에서는 살 것인가 빌릴 것인가의 채산성을 흔
히 비교한다. 이것은 기능상품만을 취급하는 탓이기도 하다. 주택의 경
우에는,

  1. 매월의 변제금리와 매월의 임차료와의 차(전세금 금리 등도 계산하여)
  2. 자기 자금을 달리 운용(저금)한다고 했을 때의 수입금액
  3. 세금 등, 소유의 경우와 임차의 경우 지출의 차
  4. 해마다 올라가는 임차료의 인상분

장래 그 소유주택을 비싸게 팔 수 있다는 점 외에는, 그리고 정신적 만
족(집을 갖고 있다는 만족감)을 빼고 매월의 지출 비용만을 비교하면,
상당히 고액의 집세를 지급하더라도 임차하는 편이 유리한 결과가 될
수 있다. 그러나 팔아서 크게 차익을 얻을 생각이라면 소유가 유리하다.
  경제성 계산의 어려운 점은 최종적으로 그 사람의 가치관, 생활 태도
등에 따라 결론이 바뀔 수 있다는 점이다. 정신적 만족도를 금액으로 표
시하기는 어렵다.

3. 기회손실의 개념

앞서 말한 임차냐, 취득이냐의 선택의 맹점은 주택 구입비 중 자기 자금의 지출이다. 그것은 주택을 매입하지 않았더라면 매월 이자를 벌어들일 돈이다.

예를 들면 2,000만 원의 주택구입비 중 1,000만 원을 지급했다면 그 돈을 운용하여 10% 이자소득 100만/연을 간과하기 쉽다. 그리고 1,000만 원의 차입금 이자(약 11%로 보고 110만/연)와 합하여 210만/연이 임차를 원하는 사람일 경우 임차료에 충당해도 되는 금액이다. 이것은 월 18만 원 정도를 집세로 낼 수 있다는 것을 의미한다(물론, 이 계산은 집값이 오르기를 기다려 장래 팔았을 때의 이득을 전혀 고려하지 않은 것이다).

다시 말하면, 주택 구입자에게 자기 자금 1,000만 원의 이자(100만/년) 수입이 기회손실이 된다. 그 대신 한번 산 집을 값이 올랐을 때 팔아 매매차익을 얻을 기회는 셋집에 사는 사람에게는 없다.

이 기회손실의 개념은 단순한 것인데도 의외로 복잡하게 보이는 성질을 갖고 있다. 외관상의 복잡함에 현혹되지 말고 얼마나 올바르게 손익 개념을 터득하고 있는지 알아야 한다.

4. 한계이익이란 무엇인가

경제성이라는 측면에 좀 더 가까이 다가가면 돈이 관련되는 것은 어쩔 수 없다. 이익이라는 개념도 포함하여서 말이다. 그래서 여기서는 비즈니스 용어로 사용되는 한계이익의 개념에 대하여 언급해 보고자 한다.

당신이 두부집을 경영하고 있다고 하자. 수입은 두부를 판 대금이다. 그리고 당신이 얻는 이익은 매출 대금에서 주원료인 대두와 연료 그리고 부원료(간수 등)의 대금을 뺀 금액이다.

바꾸어 말하면 매출액 – 제조 비용 = 한계이익이라는 공식이 성립한다. 이 뺄셈이 이익으로 생각할 수 있는 최대의 것이므로 이것을 한계이익이라고 부른다.

그러나 당신이 얻는 순이익은 한계이익에서 고정비용을 뺀 금액이다. 고정비용은 급료, 가게의 유지비, 두부 생산설비의 보수비, 전화료 등 상품 판매와 관계없이 고정적으로 지출되는 비용을 말한다.

두부집은 돈을 벌고 있는가?
두부를 어느 정도 팔아야 수지 균형이 맞는가 생각해 보자.

▷ Self training

[기초 데이터]
두부값 1모 600원
손두부값 1모 800원

두부도 손두부도 대두 사용량은 같다고 하자. 보통 하루에 두부 1,000모, 손두부 500모를 만든다. 1일 대두 구입량 525kg, 가격은 시세 변동이 있기는 하지만 현재 쓰고 있는 콩값은 1kg당 800원이다.

가게와 도구의 수리비(매월 일정한 적립방식으로 하고 있다.)	150,000원/월
종업원 급료(2인) 일당 50,000원, 26일로 계산하면,	130만/월, 2인에 260만
간수 등	3만/일
기타	4만
사장(자신의 급료)	300만/월
전무(부인의 급료)	200만/월
개업 시 설비 도입을 위한 차입금(현재의 잔액 500만)에 대한 금리	40만/년
설비, 건물의 감가상각비(정액법, 10년)	100만/년
고정자산세	180만/년
가게의 전기, 수도료	20만/월
소모품비(포장지, 두부팩 등)	3만/일
연료비는 실적상 26일 100% 조업했을 때 1일 10만	260만/월
(두부 생산에 50,000원, 손두부 생산에 50,000원)	

데이터는 위와 같이 갖추어졌다. 먼저 두부집은 얼마 정도 벌고 있는
가를 계산하시오.

[I] 한계이익을 계산하시오.

a. 매 1일의 한계이익액은?　　　　　　　　　　　　　원

b. 두부 1모의 한계이익액은?　　　　　　　　　　　1모 원
　 손두부 1모의 한계이익액은?　　　　　　　　　　1모 원

c. 제품별 1개월의 한계이익은(26일로 가정)

　　　　　　　　　　　　　　　　　　　　　　　두부 원
　　　　　　　　　　　　　　　　　　　　　　　손두부 원

[II] 고정비를 계산하시오.　　　　　　　　　　　매월 원

[III] 순 영업이익을 계산하시오.　　　　　　　　매월 원

▷ Self training 해답

[I] 한계이익의 계산해답은 1일 38만이다.
당신의 계산과 답이 맞지 않을 때는 이 계산식 모델로 이유를 알아보시오.

a. 1일의 한계이익

　　600원×1000모+800원×500모=100만(매출액 콩 525kg/1일×800원/kg=42만(원료대))

　　간수 등 1일분 = 3만(부원료)

　　기타 4만(부원료)

　　연료 260만÷26일 = 10만(연료비)

　　포장지, 팩 대금=3만(소모품비)

　　100원-(42만+3만+4만+10만+3만)=38만이 1일 한계이익액

b. 두부 1모의 한계이익액

	두부	손두부
매출 수입(1모당)	600	800
원료 대금(42만/1,500모)	280	280
간수(3만/1,500모)	20	20
기타(4만/500모)	-	80
연료(260만/26일의 절반)	50	100
포장지,팩(3만/150모)	20	20
차감 한계이익(1모당)	230	300
	(1,000모)	(500모)
변동비 합계	370	500

c. 제품별 1일 한계이익 총액 380,000　　230,000　　150,000

　　제품별 26일 한계이익 총액 9,880,000　　5,980,000　　3,900,000

[II] 고정비

수선비 - 15만	15만
노무비 - 점원260만 + 주인 300만+부인 200만	760만
지불금리 - 연간 40만/12월	3만 3천
감가상각비 - 연간 100만/12월	8만 3천
전기, 수도료 - 연간 240만/12월	20만
고정자산세 - 연간 180만/12월	15만
	821만 6천

일 고정비 - 26일로 가정 31만 6천

[III] 순 영업이익(월)

9,880,000 - 8,216,000 = 1,664,000

(1일 한계이익 38만÷26일 = 9,880,000)

5. 조업도가 문제다 - 손익분기점 개념

당신이 경영하는 두부집의 한계이익은 월간 약 1,000만 정도다.

주인과 부인 월급 500만을 제하고 약 180만의 이익이 매달 나는 계산이다.

그러나 이 업적은 어디까지나 1일 1,500모, 1개월 26일간 조업했을 때의 계산이다. 조업 상황이 바뀌면 계산이 달라진다.

지금, 몇 가지 조업 상황을 변화시켜 보자. 이익을 추정하고 다시 계산해 보시오.

만약 조업도가 떨어지면…….

① 월초, 조카 결혼식 참가차 2일 여행(2일간 휴업)

② 어느 날 기계 고장으로 손두부 500모가 400모로, 두부 1,000모가 700모가 된 날이 있었다.

③ 어느 날 시장에서 두부판 1개를 뒤집어엎는 사고가 생겼다. 1판 200모 전체가 못 쓰게 되었다.

④ 근처에서 슈퍼마켓의 개업 서비스로 두부 1모에 100원에 팔고 있었으므로 두부 고객이 모두 슈퍼마켓으로 몰려갔기 때문에 그날은 50%의 재고가 남았다. 그 이후 매일 두부 800모, 손두부 400모로 생산량을 줄였다.

사회에는 그야말로 예측 불허의 여러 가지 일이 생긴다. 이상 네 가지의 트러블이 있었기 때문에 두부집 수익은 변하게 되었다.

26일 가동 시 176만 원이 기대이익이었으나 끝내 실현하지 못할 것 같다.

그러면 함께 수정계산을 해 보자.

① 2일간 휴업이면

우선, 매출이 100만×2일로 200만이 감소한다. 그 대신 변동비가 62만×2일로 124만 감소한다. 차감 한계이익으로 38만×2일로 76만 감소한다.

기타 고정비는 휴업과 관계없이 발생한다. 점원의 급료도 2일분 빼는 것은 무리일 것이다. 따라서 2일 휴업으로 이익감소는 760,000원이다.

② 기계 고장으로

손두부가 100모 감소하여 800원×100모=80,000원의 수입 감소

두부가 300모 감소하여 600원×300모=180,000원의 수입 감소, 게 260,000원 감소. 그것에 대하여 변동비는 1,500모분을 전부 썼으므로 풀 조업과 같고 고정비도 변함이 없다. 따라서 이익감소는 260,000원이다.

③ 두부판을 엎질러서

200모분이 못 쓰게 되었다. 따라서 600원(판매가)×200모=120,000원의 손실

④ 근처에 슈퍼마켓이 생겨서

이것은 ①~③과 같은 일시적 손실이 아니고, 계속해서 영향이 미칠 근

본 문제다.

1. 슈퍼마켓의 저가 판매가 제값 받기로 돌아가기를 기다리느냐 아니면
2. 슈퍼마켓에 대항하여 저가 판매를 하느냐
3. 두부의 크기를 약간 줄여서 슈퍼마켓과 같은 값으로 파느냐
4. 슈퍼마켓의 품질이 떨어지므로, 당신 가게의 두부를 선호하는 고객만을 상대로 계속하느냐
5. 별도의 새 상품을 개발하여 그것으로 경쟁하느냐?

이상의 복수안을 비교해야 할 상황에 직면하게 되었다. ②안이 성립되려면 어떻게 하면 되는가? ④의 방법으로 한다고 하면 장사가 되겠는가 ③이 성립되지 않는다면 어떻게 하면 되는가를 편리한 손익분기점을 파악할 수 있는 이익도표를 작성해 보아야 한다(도표작성 생략).

6. 대책선별의 관점

지금까지 대책선별 관련하여 첫째로 효용성의 관점을, 둘째로 경제성의 관점을 주목하여 살펴보았다. 그 두 가지를 파악하면서도 실제적 방법으로 여러 가지 판단항목을 열거하고 어느 안을 취할 것인가를 리스트로 만들어 종합적으로 판정한다. 항목은 대별하면 다음 세 가지다.

▶ 절대조건(이것을 충족시키지 못하는 안은 처음부터 불가)
▶ 희망조건(가능한 한 많이 이루어지면 좋다)
▶ 제한조건(위의 조건을 생각할 때 제약이 되는 틀)

이제 이들 조건에 대하여 대표적인 판단항목을 알아보자. 실제 대책을 선별할 때는 문제에 가장 적합한 항목을 설정할 필요가 있다. 다음 같은 문답으로 항목을 선택한다.

1) 절대조건으로 선택할 항목

- 본래의 목적을 이룰 수 있는가? (주요 기능)

- 안전성에는 염려가 없는가? (인명 보전)

- 인간으로서 가치를 물을 수 있는가? (가치 의식)

2) 희망조건으로 선택할 항목

- 싸게 할 수 있는가? (코스트)

- 빨리할 수 있는가? (기한)

- 성공률을 높일 수 있는가? (품질)

- 많은 사람의 희망을 충족시킬 수 있는가? (다수의 납득)

3) 제한조건으로 선택하기 쉬운 항목

- 돈은 충분한가? (자금 제한)

- 인력은 충분한가? (인원 제한)

- 사회적으로 법률 제한에 문제는 없는가? (법 제한)

역량 11 상황대응력(트러블 방지)

※ 상황대응력을 풍부하게 – 결단의 구조

▶ 상황은 변한다. 입안 당시 추정한 대로 진행되는 일은 드물다. 그 변화를 파악하고 대응하는 수정 행동을 재빨리 취해야 한다.

▶ 몇 가지 상황을 예측해 두면 당황하지 않아도 된다.

▶ 상황 변화를 잘 읽으려면 선견력과 같은 능력이 필요하다. 변화징조는 사실을 주목하여 보는 사람에게만 보인다. 재빨리 그 징후를 파악하는 사람은 결단도 빠르다.

1. 결단력과 상황대응력

뭔가 실행할 때 신중히 손익계산을 하고 깊이 생각한 끝에 착수하는 경우는 드물다. 인생의 커다란 변곡점이나, 비즈니스에서 중대한 사항을 결정할 때는 신중하지만, 많은 경우 순간적으로 결단한다.

비즈니스에서는 매일 상황에 따라 정확한 지시를 내려야 한다. 가정에서도 저축 인출에서 집 수리, 부조금에 이르기까지 매일 간결하게 결정한다.

중요도가 높고 신경을 많이 써야 하는 선택에서, 손익계산 외에 마지막 밀어붙이기에 필요한 것은, 자기 자신을 격려하는 결단과 용기다.

앞서 길동 씨는 주택구입의 선별비교를 위한 평가 리스트를 완성하였다. 그러나 리스트 위에 아직 후보가 둘 남아 있다. ① 아파트로 하느냐

② 주택으로 하느냐의 양자택일의 안 사이에 가로놓인 이질성은 크다. 길동 씨는 역시 나중에 환매의 유리함을 이용하자고 결단하느냐, 구입이 빠른 편이 좋다고 결단할 것인가. 기로에 서 있다. 어느 쪽을 향하여 발을 내딛는가, 그것은 비교의 문제가 아니라 용기의 문제다.

※ 행동을 취한 다음 읽는다

그 용기를 솟게 하는 것은 무엇인가? 최후의 의사결정을 촉구하는 것은 무엇인가에 대해 생각해 보자.

또 이 장에서는 이미 학습한 전략적 의사결정을 실행단계부터 바라보려 한다. 전략기획에서 중요한 기둥의 하나는 상황 쪽에서 문제를 바라본다는 사고방식이다.

앞서 전략과 선견력에서 다룬 상황추리는 그대로 내일의 상황을 통찰하는 능력이었다. 지금 여기서 다시 통찰하고 대응하려고 하는 것은, 어떤 행동을 취한 결과 발생하리라 예상되는 상황에 대해서다.

문제 해결 사고의 하나인 이 능력을 잠재적 문제의 예측이라 부른다. 이 대책을 선택할 때 어떤 트러블이 발생할 것 같은가를 예측하고, 발생했을 때의 대책안을 미리 준비해 두려는 것이다.

즉, 결단을 돕는 조건은 다음 두 가지다.

- 어떤 상황이 닥쳐도 서둘지 않고 침착하고 정확한 대응을 할 수 있도록 충분한 준비를 해 두었기 때문이다.
- 주저에서 결단으로는 확실한 마음의 확신이 서 있다. 끈질긴 마음과

용기를 북돋우는 믿음의 크기다. 믿음이 아니다.

2. 잠재 문제를 읽어 낸다

첫 번째 상황 대응인 잠재 문제 발생 장면을 보자.

당신이 3일 후에 이사하게 되었다고 하자. 이사 당일 10시에 트럭이 오게 되어 있다.

이사에 대한 잠재 문제는 무엇인가.

당초의 주요계획	주된 잠재 문제의 예측	대책의 아이디어
① 트럭(9시 2대, 옛집에 도착) (10시 2대 옛집 출발) (11시 2대 새집 도착)		
② 사람은 택시로 이동 예정		
③ 인부는 여자 2명, 남자 2명을 이미 예약을 마침		
④ 현 주거는 아파트, 새로운 주거는 정원이 딸린 단독주택		
⑤ 새 가구 - 백화점에서 12시까지 도착시키기로 약속		
⑥ 사람 배치 - 새집에는 아내, 현 주거지에는 자신이 남고 아이들은 반반씩 나누어 일한다.		

모든 일이 계획대로 진행되면, 사전계획만 빈틈없으면 문제없다. 그러나 현실에서는 생각지도 않았던 일이 발생하여 이사를 방해한다. 어떤 잠재 문제의 발생이 예상되는가, 왼쪽 칸의 계획에 대하여 오른쪽 칸의 빈칸에 잠재 문제를 추정하고 대응책을 써 보자.

사람들은 계획 시점에 머리로만 생각할 뿐 현장에 잘 나가지 않는다. 계획의 좋고 나쁨은 그것이 잘못된 경우의 일을 상정함으로써 시험해 보는 수밖에 없다. 그런 경우 현장을 직접 보지 않으면 상정 자체를 잘못 하는 경우가 많다.

10시에 현 주거지 출발이라는 계획의 좋고 나쁨은 다음과 같은 잠재 적 문제를 파악함으로써 판명된다. 10시에 모든 짐을 트럭에 다 싣지 못 할 우려가 있다. 만약 근거 있는 걱정이라면 10시 출발은 무리다. 또 트 럭 2대의 도착이 늦어져서 짐을 실을 시간이 없을 우려도 생각할 수 있 다. 트럭의 출발 지점이 어디인가에 따라 교통체증도 예측할 수 있다. 8 시에는 출발이 어려워 약속된 시간에 대지 못한다면, 그쪽의 업무 개시 시간보다 30분 빠른 것이 된다. 하나가 늦어지면 그 영향으로 모든 일이 연쇄적으로 어긋나게 된다.

이와 같은 잠재 문제를 예측한 후에 문제가 발생해도 쉽게 대응할 수 있다면 계획은 무리가 없다.

그러나 잠재 문제에 대한 대응책이 어려우면 그 계획은 결점이 있다. 예를 들면 남자 인부 2명, 여자 인부 2명이 당일 짐을 꾸리는 담당이라면, 트럭 출발시간(10시)까지는 시간을 맞출 수 없을 것이다. 여자 인부 2명 은 이사 전날에 이삿짐을 정리하도록 계획을 수정하지 않으면 안 된다.

장래에 발생할지도 모르는 위험에 미리 손을 써 두는 조치는 중요하다.

3. 폭이 있는 장기 경영계획

잠재 문제의 예측 개념은 장기계획이나 중기계획에 쓸 수 있다. 장기 계획은 수립하기는 하지만 실제 이익이 없다는 말이 있다. 그 이유의 하나로 5일 정도 지나면 상황이 너무 달라져 계획에서 논의한 것이 쓸모가 없어진다는 지적이 있다.

P.드러커는 장기계획을 이렇게 정의하고 있다.

장기계획이란, 장래에 기업 성장에 관한 현재의 결정이다.

장기계획은 5년 앞의 일을 일단 그럴듯하게 디자인하므로 부지불식간에 5년 앞을 향한 예언서처럼 오해되기 쉽지만, 진정한 장기계획의 목표는 드러커의 말처럼 현재의 의사결정을 위한 것이다.

그러나 5년 앞의 모습을 낙관적으로 보느냐, 비관적으로 보느냐에 따라 전제의 차가 크다. 현재 취하려고 하는 대책을 그르칠 염려는 그대로 남는다.

그래서 낙관과 비관의 폭 그 어딘가에 바른 예측이 숨어 있다고 보고 낙관의 경우는 이렇고 비관의 경우는 이렇다고 두 가지 모두를 생각할 수밖에 없다.

길동 씨의 주택 구입계획도 5년 후 도시와 교외의 상황이 어떻게 변해 있을지는 정확하게 예측할 수 없다. ① 지가 상승 상황은? ② 안전, 편의 시설 상황은? ③ 열차가 멈출까? 등의 예측 폭이 클수록 현시점에서 갈피를 잡지 못한다. 낙관과 비관 양쪽 상황을 상정하여 판단할 수밖에 없다. 어느 쪽으로 넘어지더라도 다시 일어설 수 있는 대책을 예측한다. 상황을 지켜봄으로써 놓쳤을지도 모르는 대책을 강구할 수 있다. 가설을 설정함으로써 보이지 않는 사실이 잘 보이게 되는 선견력 구조와 같다.

이상의 예로 말하면 미리 트럭의 지연을 잠재 문제로 파악했다면, 지연에 대한 징조를 빨리 포착할 수 있다. 끝내 지연이 확실해진다 해도 보완

책을 생각해 두고 있으므로 당황하지 않고 상황 변화에 대응할 수 있다.

4. 이길 가능성이 있는가 - 전략 사고에서 분석 스킬

아무리 우수한 안을 착상했다고 해도 그 안이 실행될 가능성이 없다면 무의미하다. 성공을 기약하지 못하는 안이라도 실행할 수 없는 안보다는 낫다. 반면 실행 가능한 안이라도 실패할 듯한 안에 집착하는 것도 넌센스다. 여기서 성공과 실패의 문제를 생각해 보려고 한다. 전략에는 반드시 상대가 있고 그 상대와 싸워 질 것 같으면 내려야 할 결단은 싸움을 그만두는 일이다. 이길 가능성이 있어 싸우겠다는 결단을 내린다. 이길 수 있는가, 라는 물음에 "반드시"라는 단서를 붙일 수는 없다. 강점이 많으면 당신은 틀림없이 yes라고 답할 것이다. 상대보다 약점이 많다고 생각하면 글쎄라고 대답할 것이다. 그러므로 냉정한 강점·약점 분석이 필요하다.

게임에 이기기 위해 우리는 무의식중에 강점과 약점을 비교해 본다. 대표적인 예가 포커 게임이다. 강한 카드일 때는 약한 척 가장해도 좋지만, 약한 카드일 때는 처음부터 포기하든가 아니면 강한 것처럼 가장하고 천연덕스럽게 배팅해야 한다.

6장

남극에도 일요일을
- 조정력(설득력)

사람들이 서로 힘을 합해 일할 때는 다른 사람의 이해와 협력을 얻어야 한다.

협력을 형성하는 첫째가 의사소통인 것은 협력이 소통과 연관되어 있기 때문이다. 극히 단순하게 말하면, 사람은 "상황 이해"를 통하여 협력해 주려는 마음이 드는 경우와, "의뢰하는 사람의 인물 됨됨이가 마음에 드니까 협력하겠다."라고 생각하는 경우 이외에는 절대 협력하지 않는다.

여기서 비로소 개성이 등장한다. 리더의 개성은 다음 장에서 살펴보도록 하고 우선 프로젝트를 성공적으로 이끌기 위한 조직화에 관한 정신을 살펴보도록 하자.

역량12 조직화력(팀 만들기)

대책실행을 위해 개인적으로 행동하기도 하지만 많은 경우 팀으로 행동한다. 역할을 분담받고 협력하여 일을 추진해야 더 큰 성과도 나오므로 리더의 조직화 역량은 중요한 스킬이다.

여러분이 리더가 아니라 해도, 다른 사람의 도움을 끌어내고 상사의 능력을 활용하는, 말하자면 밑으로부터의 조직화력도 중요한 스킬이다.

※ 조직화와 지휘의 본질

▶ 지휘란, 사람의 사람에 대한 영향력이다.

▶ 지휘는 상위자가 하위자에 대하여 발휘하는 것뿐만 아니라, 하위자도 역시 상위자를 지휘할 수 있다.

▶ 하위자는 업무에서 기능으로 상위자를 지휘한다.

1. 조직의 원점 - 공동의 목표

[조직 활성화의 법칙 1]

⇒ 공동의 목표가 팀원들 본심에서 우러나올 것.

조직이란 2명 이상 사람이 모여 같은 목적을 이루기 위해 협력하는 기구라고 정의할 수 있다. 한 사람의 구성원으로는 조직이라고 할 수 없고, 목적을 서로 달리하는 군중도 조직이라 할 수 없다.

2. 조직의 원점 - 피드백

[조직활성화 법칙 2]

⇒ 사실의 형태로 결과가 피드백되어 팀원들이 공유하고 있으며, 문제 인식이 명확하다.

1) 네거티브 피드백

실패를 통해 배우자. 우리는 얼마나 바보 같은 일을 사실이라고 믿고 있었던가를 밝히지 않으면 안 된다. 나는 정말 바보였다라고 하는 개인의 반성만으로는 부족하다. 해석과 사실의 차이가 분명해야 한다. 사람은 자기에게 관대하고 소문에는 신경을 많이 쓰는 성질이 있으므로 솔직하게 사실을 밝히지 못하고 자기의 해석만을 선행시키는 경우가 잦다. 해석은 사실과 바꾸어 다시 정의되어야 한다.

2) 포지티브 피드백

실패의 체험뿐만 아니라 성공의 체험도 피드백되어야 한다. 타인의 성공에서 배운다는 것은 사람이라면 누구나 약간의 저항이 있을 수 있지만, 받아들여야 한다. 이 경우에 주의해야 할 것은 성공담만으로는 종종 사실이 왜곡되는 경향이 있다는 점이다. 우연인지 아닌지 구별이 명확하지 않다는 점이다.

그러나 포지티브 피드백은, 소위 "재미 붙인다."라고 하는 점에서는 굉장한 효과를 낳을 수 있다. 실패는 성공의 어머니(negative feedback), 성공은 실패의 어머니(no feedback), 성공은 성공의 어머니(positive feedback)라는 법칙을 실감시켜 준다.

3. 팀워크의 원점 - 개인 책임과 커버링

[조직 활성화 법칙 3]

⇒ 개개인은 자기의 역할을 명확히 인식하고 주체적으로 행동하지만,
서로 체크하고 커버하는 책임이 있다는 것을 잊지 않아야 한다. 한
사람 한 사람이 자기 담당 부분이 있고, 자기의 지분을 완전히 수행
함과 동시에 조직의 목적 달성을 위해 감독 활동을 서로 해야 한다.

역할 분담은 정했지만 너는 너, 나는 나 하는 식으로 자기 책임만 수행
하려는 경우가 많다. 서로 격려하고 체크하는 행동을 하지 않는 경우를
종종 보게 된다. 이런 팀에서는 성과가 좋은 예는 별로 없다.

이 사실은 조직이라는 것이 사람들에게 잘못 인식되어 있음을 보여 준
다. "자, 모두가 힘을 모아 해 보자."라고 하지만, 힘을 모은다는 것이 어
떤 것인가? 개체와 전체의 관계는 어떻게 되는가? 그룹을 상대로 외치고
있으면 힘이 합쳐진다고 믿고 있는 사람이 있다.

짧은 시간에 리더와 추종자의 역할 분담이 이루어지지만, 개개인의 역
할 분담이 분명하지 않은 채, 그룹 활동이 행해지는 예를 많이 본다. 만
일 의견이 통합되지 않은 두 사람이 팀일 경우를 생각해 보자. 두 사람은
별도의 행동을 취하기 시작한다. 한 사람이 분주히 다니며 두 사람 몫의
역할을 하려고 한다. 다른 한 사람은 묵묵히 따라갈 뿐이다. 말 없는 쪽
은 욕구불만이 큰 상황에서 자기 의사를 포기해 버린다. 이렇게 된 팀은
더욱 깊이 실책의 늪에 빠져들어, 회복할 수 없는 지경에까지 이르는 경
우가 많다.

이러한 현상이 좀 더 발전되면 완전 분업형이 된다. 각자 자기관리 하

면서 임무를 수행하면 좋게 끝난다. 그런 경우도 가끔 있다. 그러나 좋은 결과까지 연결되는 사례는 드물고 분업한 사람의 어느 한쪽이나 쌍방 모두 실수하면 걷잡을 수 없게 된다.

완전 분업의 폐단은 실패가 생겼을 때 밖으로 드러난다. 그것은 실수를 범한 쪽을 다른 한쪽이 비난하는 형태로 나타난다. "그것 봐! 방법이 틀리지 않아."라고 하는 것이다. 그러면 이런 말을 들은 쪽은 실수를 인정하고 싶지 않은 심정이 되어 자기도 모르게 "아니, 이렇게 해도 괜찮아."라고 맞선다. 실수를 인정하고 돌아서면 적은 로스타임으로 끝날 미스가 팽팽한 자존심 때문에 큰 상처로 확대되기도 한다. 처음부터 상대방의 분담사항에 대한 체크 역을 서로 수행하기로 규칙을 정해 두면 좋다. 상대방으로부터 주의를 받아도 "고맙습니다." 하고 미소 짓는 아량이 필요하다.

야구에서 말하는 커버링 정신이 바로 그것이다. 9명의 선수가 각자 수비 범위를 갖고 있다. 9명의 선수는 만일 실수가 일어난다면 하는 전제하에 커버링에 들어가는 행동을 취한다. 개개인의 책임과 전체를 위한 커버의 책임을 모두 완수했을 때 그 수비는 완벽하다.

야구 감독들이 커버링의 태만을 강하게 질책하는 것은, 조직의 생명이 커버링에서 비로소 생긴다는 것을 잘 알고 있기 때문이다.

4. 활력의 원점 - 자유도와 자기통제
[조직 활성화 법칙 4]
⇒ 팀원들은 각자 자유도가 있는 행동이 허용되어 있다. 단, 그 자유로

운 판단의 결과에서 오는 리스크는 스스로 해결하라는 전제가 있다.

일을 하다 보면 매뉴얼에 분명하게 기록되어 있지 않을 때가 잦다. 이런 장면은, 말하자면 망설임에 대하여 하나의 결단이 요구되는 지점이다. 모든 것이 명시되어 있지 않고 선택해야 할 때 종합적으로 판단하지 않으면 안 된다.

이때 "자기의 판단 - 자유도"를 사람들은 요구한다. 자신이 편한 대로 할 수 있기를 바라고 있다. 그러나 리스크가 있는 장면에서는 지시받기를 바란다. 이것은 모순이다. 리스크가 있는 장면이야말로 자유재량을 발휘할 절호의 기회이고 의미가 있다. 방법의 자유재량을 요구하면서, 의사결정의 자유재량을 요구하지 않는 것은 작은 권한에 만족하는 타입의 사람이다. 만약 잘못된 방법이라고 밝혀지면 깨끗이 원위치로 돌아가 다시 출발하면 된다.

같은 일을 하는데 통제와 지시가 있으니까 할 수 없이 하는 것과 자유재량의 폭 속에서 자주적으로 하는 것과는 결과가 다르다. 전자에서는 "지시자가 나쁘다."라는 것이 되며, 후자는 "자기가 나쁘다."라는 형태이다.

5. 권한의 원점 - 기능에 따른 지휘권

이제까지 소개한 네 가지 "조직활성화의 조건"을 다시 한번 복습해 보자.

① 공통 목표의 존재에 대한 전원의 승인
② 사실의 빠른 피드백에 의한 문제의 공유

③ 역할 분담과 커버링(백업플레이)의 자각

④ 개인의 자유재량의 승인과 자기통제

고전적 조직론은 역할 분담을 중심으로 조직하는 사람과 조직되는 사람이 구분되어 있다. 복종을 전제로 한 조직론을 전개해 왔다. 이런 고전적 조직에서는 목적을 알고 통제하는 사람은 상위자였으며, 하위자는 단순하게 행동하는 사람이었다.

이 조직론은 합리주의 가치관에서 봤을 때 현재까지도 무리 없이 통용되고 있다. 경영하는 측과 고용되는 측의 입장이 사회적·신분적으로 분리된 기업에서는 위화감 없이 통용되고 있는 조직론이다.

그러나 이 조직론의 결점은 인간이라는 존재(마음을 가진 자, 자아가 있는 자)를 계산에 넣지 않고 있다.

조직 전체가 톱의 의지에 따라 질서정연하게 움직이는 상황은 실현될지 모르지만, 활기 있게 잠재력을 분출하는 효율을 창출하기는 어렵다.

기관차에다 구동부를 붙인 열차는 선로에서 벗어나지는 않지만, 고속의 스피드는 내지 못한다. 각 차량에도 추진력이 붙은 열차가 되었을 때 비로소 스피드가 보장된다. 스피드의 차이가 바로 조직 활력의 차이다.

오늘날 조직은 각자 자기가 자기를 지휘하고, 또 각자 책임 범위 내에서 서로 지휘를 주고받고 있다. 이것이 진정한 조직의 모습이 아닐까 한다.

6. 남극에도 일요일을

남극 기지에 파견된 대원들은 월동 기간 중 모두 열심히 일했다. 통상적으로 생각하는 것보다 훨씬 더 열심히 했다. 그러나 그것은 금전적인 보상에 대한 대가로서가 아니었다.

일하지 않는 자 먹지도 말라는 규칙을 정했는가 하면 그런 것도 아니다. 본래 먹는다는 것은 기본적 인권이다. 파견 대장이라고 해도 사람의 식욕에 대한 통제권이 허용된 것은 아니므로 먹는 것에 대한 강제성은 없었다.

파견 대장은 일하지 않으면 그에 대한 벌로 화장실 청소라도 명령할까 생각해 보았으나, 어차피 일하지 않는 사람에게 시켜도 하지 않을 것 같았다. 중요한 것은 일을 하려면 자주적인 힘이 없으면 안 된다.

어느 날, 한 대원이 대장에게 와서 "일요일은 쉬도록 해 주십시오."라고 요청했다. "좋아, 그러면 일요일은 쉬어도 좋은데, 여기서 일요일 따위가 무슨 의미가 있지? 취미생활을 할 수 있는 것도 아니고 그렇다고 위락시설이 있는 것도 아니고 날씨가 나쁘면 쉬고, 좋은 날은 일을 하면 좋지 않을까?"라고 했지만 "달력에 빨간 글자로 일요일이라고 된 날은 쉬게 해 주세요."라고 거듭 요청했으므로 그렇게 하기로 했다.

일요일이 되었다. 모두 어떻게 하고 있는가 살펴보았더니 다른 때와 마찬가지로 모두 열심히 일하고 있는 것이었다. 오히려 평소보다 더 열심히 일하는 것 같았다.

저녁 식사 때가 되어,

"여러분들이 일요일은 쉬겠다고 해서 휴일로 정했는데 대체 오늘은 어쩐 일이죠? 오늘은 휴일인데도 평소보다 더 열심히 일을 하던데."

"아 그것 말입니까? 대장님, 오늘은 명령하지 않았습니다. 명령 없는 날은 휴일이나 마찬가지입니다."라는 것이다.

그 말을 듣고 보니, 오늘은 어떠한 명령도 하지 않은 것이 확실하다.

"그렇다면 여러분은 왜 일했습니까?"

"우리는 자발적으로 일을 했습니다. 자주적으로 했던 것이지 명령에 따르기 위해 한 것은 아니지요."라고 말하였다.

인간은 타율적 복종의 형태로 일하는 존재는 아니다. 인간은 항상 존재를 인식할 수 있는 무엇이기를 바란다. 비록 파출부를 하는 아주머니라고 해도 무시당하지 않을 존엄한 인격이 있다.

업무상 기능에 의한 주체성 발휘를 철학으로 하는 조직론이 등장한 것은 결코 단순한 붐은 아니다.

역량 13 의사소통력(협력 만들기)

　의사소통이란 상대방에게 상황을 이해시키고, 협력을 끌어내는 것을 말한다. 물론 말 외에 글로써도 상황을 이해시킬 수도 있지만, 말이 갖는 힘에는 미치지 못한다.

　협력 조성의 유력한 수단인 대화에 그다지 신경을 쓰지 않는데, 늘 행하고 있어 중요성을 잊어버리고 있는 것으로 보인다.

　의사전달과 설득을 잘하기 위해 다음과 같은 기술을 익혀 둔다면 도움이 될 것이다.

▶ 1대1 면접 스킬

▶ 1대 다수의 대화 스킬

▶ 사람들과 공유하는 사실 기술의 여러 가지 스킬

▶ 사람들의 심리 욕구를 판독하는 기술

　여러 가지 설득 스킬 중에서 비즈니스 현장에서 자주 접하는 회의를 처리하는 방법을 알아보자.

※ 회의 - 3단계 프로세스

　생산적인 훌륭한 회의는 단순히 커뮤니케이션 스킬에 의존하는 것이 아니라, 집단에 의한 창조 스킬을 갖는가 하는 여부에 달렸다.

회의 리더의 착안점을 다음 세 가지로 정리한다. 회의에 참석하는 사람들, 회의를 이끌고 가야 하는 사회자 모두가 알았으면 하는 점들이다.

우선 회의의 성격을 구분하는 일부터 시작하자.

1. 수집 단계

일반적인 회의에서 의견을 모으기 위해서는 다음과 같은 질문이 효과적이다.

"달리 의견이 있는 사람은 없습니까?" (의견의 확산)

"이 문제에 관해서 같은 성질의 다른 사실은 없습니까?" (사실수집)

"그러면 다른 관점에서 보았을 때 어떻습니까? ×× 씨! 어떻게 생각합니까? 입장은 뭔가요?" (관점의 확산)

"○○ 씨! 다른 의견은 없습니까?" (발언자의 확산)

수집할 때 리더는 평가하면 안 된다. 제출된 의견은 어떤 형태로든 기록해 둔다. 또 팀원들도 비판하지 말고 기록의 양을 늘리는 데 협력해야 한다.

2. 조사 단계

사실수집을 넓혔으므로 이번에는 사실을 하나하나 평가해야 한다. 이 단계를 거치지 않으면 정리되지 않는다.

조사할 때 회의 리더가 많이 활용해야 할 질문은 아래와 같다.

"지금 ○○ 씨의 의견에 대해 어떻게 생각합니까? ○○ 씨 외 의견을 내어 주시기 바랍니다. 어떻습니까?"

"○○ 씨의 의견에 ×× 씨는 어떻게 생각하십니까?"

"○○ 씨의 안에 대해서 먼저, 성공확률이라는 관점에서 평가해 주십시오. △△ 씨는 어떻습니까?"

"○○ 씨의 의견에 찬성하시는 분은 누구십니까? 그러면 □□ 씨, 그 찬성하는 이유를 말씀해 주세요."

"○○ 씨의 의견에 반대인 사람은 누구십니까? 그러면 △△ 씨, 그 반대하는 이유를 말씀해 주세요."

조사 프로세스에서 중요한 것은 다양성을 늘리는 일이다. 평가적 필터를 하나만 쓰고 만족해서는 안 된다. 이런 관점에서 평가하면 어떤가, 또 다른 관점에서는 어떤가 하고 음미를 복수로 해야 한다. 희망적 조건에 비추어 어떤가로 질문해서는 안 된다.

3. 집약 단계

회의에서 가장 창조적인 단계지만, 성패는 ① 수집과 ② 조사의 2단계가 제대로 실시되어 있는가에 달려 있다. 또 리더의 요점 집약 능력과 깊이 관계한다.

다음과 같은 질문이 중요하다.

"○○ 씨의 의견과 ×× 씨의 생각은 대체 어디가 다릅니까? 저로서는 별로 다른 것 같지도 않은데요?" (쟁점 집약)

"결국 여러분의 평가를 정리해 보면 적어도 기술적으로는 문제가 없다는 말 같은데, 그래도 좋습니까?" (다짐한다)

"남는 문제는 일하는 협력업체가 어떻게 판단하고 어떻게 변화할 것으로 보는가에 달려 있는데, A 씨의 판단을 다시 한번 말씀해 주세요." (요약·추출)

"A 씨의 요약과 B 씨의 요약으로 봐서 마지막으로 논의해야 할 것은 이 문제 처리 방침입니다. 좋습니까?" (논점 집중)

"이 문제는 좀 더 깊이 있게 집약하지 않으면 안 될 것 같습니다. 무엇을 제1순위로 논의하고 집약할지를 생각해 주세요." (중점 순위 매김)

집약이란 회의 목적에 맞는 결론을 내는 프로세스다. 그러기 위해서는 리더의 선택이 있어야 한다. 무엇이나 다수결이라고 해서는 비즈니스의 창조활동은 성립되지 않는다. 리더는 문제의 본질을 다른 사람들보다도 더 멀리까지 내다보고 표면에 드러내지 않고 마치 전원일치의 결정인 것처럼 일괄 정리하여 결론을 내지 않으면 안 된다.

이 점이 우리나라 회의와 서구적 회의의 상이점이 아닐까 한다. 말하자면 서구에서 회의는 설득을 위한 회의이며 설득하려는 쪽이 논의에 이김으로써 끝나는 것에 비해, 우리의 회합은 이해를 위한 모임이어서 이기고 지는 것이 없다. 승인 의사표시만 있을 뿐이다. 회합과 회의 사이의 차이는 납득과 설득의 차이다.

▶ 납득의 형태로 설득하고
▶ 납득의 형태로 조정하고

▶ 납득의 형태로 의욕이 형성된다.

이것이 의사소통에 의한 조직화다.

▷ Self Training - 회의 리딩 스킬 향상

여기서 소개한 회의 리더의 발언을 실제로 익숙하게 쓸 수 있도록 연습해 보자.

반복 연습하여 자연스럽게 쓸 수 있기를 바란다. 다음 말은 익숙하게 쓰기 어렵다.

1. "그러면 여러분, ○○건에 대하여 의견이 없습니까?"
2. "그 의견에 도달하기까지 어떤 사실이 있었는지 설명해 주시겠습니까?"
3. "달리 ○○건에 대한 의견이 없습니까?", "여러분, 어떻습니까?"
4. "×× 씨, 어떻습니까?"

7장

주장의 품격, 감독의 품격
- 개성(영향력)

이번 주제는 리더의 개성이다. 개성은 리더의 매력이기도 하고 결점이기도 하다. 다소 거칠게 표현하면, 리더십은 리더의 개성에 대한 팀원의 승인이라고 할 수 있다.

장수가 유능하고 군주가 견제하지 않으면 승리한다는 말이 있다. 요즘 프리미어리그의 토트넘이 이슈의 중심에 있다. 손흥민이 주장을 맡으면서 팀다운 모습을 갖추고 이타적인 플레이가 게임마다 넘쳐 나면서 팀이 연승 중이다. 전임 주장단의 공정치 못한 처사에 단호하게 대들지도 못하는 가냘프다고 할만한 심성이지만, 특유의 밝은 표정으로 팀원들이 어려울 때 진심으로 챙기는 것이 손흥민만의 개성이다. 또 라커룸이나 필드에서 분위기에 일일이 개입하지 않고 믿고 맡기는 엔제 감독의 지원도 눈에 띈다. 마치 잘되는 팀의 표준 같은 분위기다. 이번 시즌 좋은 결과를 기대한다.

1. 개성은 바꿀 수 있는가

사람에게는 각자 개성이 있다. 개성은 바꾸기 어렵다고 보아야 한다. 성급한 사람은 성급한 성격을 무척 바꾸기 어렵다. 다만 성급함을 자각하고 남에게 폐를 끼치지 않기 위해 노력할 필요가 있다.

개성이 바뀌기 어렵다면 사람은 관리자로서 적합한 사람과 사업가로 적합한 사람이 있을 수 있다. 상황이 변하면 성격은 변하기도 한다고 볼 수 있지만, 성격이 변했다기보다, 업무를 상황에 걸맞게 처리하는 것으로 여겨진다.

예를 들면, 연구개발 같은 창조적 기획력이 많이 필요한 부문의 리더는, 원만한 인격보다 뛰어난 감각과 강한 자기주장을 가진 사람이 적합하다. 그러나 팀원 한 사람 한 사람의 힘을 모아서 새로운 제품을 만들어야 하는 직장에서는 남 이야기를 참을성 있게 들어줄 수 있는 온화한 인품이 효과적이다.

만약, 자기의 개성이나 성격과 맞지 않는데도, 리더로 뽑힌 사람은 그 조직의 업무 내용을 잘 파악하여 상황에 맞게 대응해야 한다.

2. 상황에 따라 매니지먼트를 바꿀 수 있는가?
없다면 타입이 다른 사람을 골라 써라

상황에 따라 매니지먼트 방법을 변경할 수 있다는 상황 대응이론을 주장하는 사람이 있다. 때와 장소에 따라 타입을 가려 쓴다는 말이다. 표면적으로는 매니지먼트 이론을 구분하여 쓴다고 볼 수 있다. 가령 평소에는 민주적인 참여를 촉구하는 매니지먼트가 좋으나, 유사시에는 강력한 전제적 매니지먼트로 바꾸어야 한다는 식이다. 그러나 생각해 보면 그것은 상사와 부하, 리더와 팀원 사이에 책임지는 형태의 변경일 뿐이며, 리더의 개성 변화도 아니고, 매니저의 철학이 바뀐 것도 아니다. 평범한 응용문제에 불과하다.

아무리 소극형 개성의 소유자라도 긴급할 때는 틀림없이 독단적 명령자로 변한다. 염려스러운 점은 매니지먼트 타입 문제가 아니라, 그 팀에서 리더의 업무 지식이나 체험이 풍부한가 빈약한가라는 점이다.

긴급할 때 지시하려 해도 리더가 업무 지식이 부족하여, 팀원들에게 승인받은 상태가 아니라면, 다른 베테랑에게 일을 맡기지 않을 수 없다. 지휘의 실권은 그 일을 가장 잘 아는 사람에게로 이동한다. 당신이 관리자로서 성찰할 것은, 한국형 기업의 특징일지도 모르지만, 업무 지식 없이는 사람을 온전히 지휘하지 못한다. 명심해야 할 점은 기교보다 업무에 대한 고유 기술과 지식이다. 테크니컬 스킬은 기업 참모에게 중요하다. 제갈공명은 화약을 다룰 줄 아는 기술이 있었기 때문에 계곡에서 사마의를 죽음 직전까지 몰아갈 수 있었다.

3. 적극형(목표지향)과 소극형(과업지향)

사람의 성격 가운데 적극적 타입과 소극적 타입이 있는 것은 확실하다. 여러분도 체험에 비추어 충분히 인정할 것이다. 그러나 어떤 성격이 적극적이고, 어떤 성격이 소극적인가 물으면 답하기 어렵다.

재빨리 행동하는 사람, 자진하여 역할을 떠맡고 나서는 사람, 어려운 과제를 스스로 맡는 사람을 일컬어 적극적인 사람이라 한다.

적극성이 없는 사람, 행동을 좋아하지 않는 사람, 자기주장을 하지 않는 사람, 큰 실수가 없는 게 좋지 않은가 하여 도전을 잘 하지 않는 사람 이런 이미지의 사람을 소극적인 사람이라 할 수 있다.

그렇다면 당신은 어떤 타입인가? 또 어떤 타입의 사람이 되기를 바라는가? 그리고 리더로서 질은 어느 타입이어야 한다고 생각하는가? 이 질문에는 많은 이들이 "적극형"이라고 답할 것이다.

그러면, 소극형 성격의 소유자는 리더 역할을 할 수 없는가? 그렇다고 단정할 수는 없다. 왜냐하면 적극적 성격은 아니어도, 소극형의 결점을 커버하는 노력을 부단히 하는 사람들이 많기 때문이다.

이 점은 인간의 성격과 인간의 표현행동과의 차이에 관하여 시사하는 바가 크다.

만약 인간의 성격과 인간이 나타내는 행동이 완전한 일체로 불가분의 관계라면, 리더를 선발할 때 성격 테스트만 하면 된다. 그러나 100명의 뛰어난 리더를 모아 성격 테스트를 해 보면, 아마 다양한 성격의 소유자가 그 100명의 무리 속에 섞여 있음을 알 수 있다. 별도의 노력을 통하여 사람의 행동을 바꿀 수 있다는 것을 의미한다.

비즈니스에서 감지되는 유형은 "목표지향형"과 "과업지향형"이다.

대조적인 두 타입은 원래 타고난 차이인가? 아니면 업무환경의 차이인가? 이에 대하여 찬반양론이 있다. 찬성하는 사람은 두 사람을 비교하면 목표지향형과 과업지향형으로 나누어지는 것이 확실하다고 증언한다.

목표지향적인 사람	과업지향적인 사람
1. 성과에 관한 피드백과 성과에 관한 지식을 원한다. 자신의 업적 평가를 알고 싶어 한다. 추상적이 아닌, 정확한 평가척도가 있는 피드백을 바란다.	1. 성과에 관한 피드백과 자기에 대한 업적 평가를 피한다. 평가가 아니라 오히려 위로부터 승인받기를 원한다.
2. 금전에 의한 보수는 자기가 그것에 이끌리어 일하는 자극이기보다 목표달성을 나타내는 만족의 기준이라고 생각한다.	2. 일의 업적은 금전적 자극에 직접 영향을 받는다. 즉 금전적인 보수의 많고 적음에 따라 업무태도가 변한다.
3. 목표달성이 가능한 경우, 일에 대한 개인적 책임을 지려고 한다.	3. 성공 기회의 유무와 관계없이 개인적 책임을 회피하려고 한다.
4. 개선이 가능할 때 그 직무에 최선을 다한다. 창조할 기회를 찾는다.	4. 개선 여지가 별로 없는 일을 선호한다. 창조행위를 통해 아무런 만족을 얻을 수 없다.
5. 적당한 위험(어려움)이 따르는 목표를 추구한다.	5. 지나치게 낮은 목표 또는 지나치게 높아서 달성하기 어려울 것 같은 목표를 추구한다.
6. 곤란한 문제를 해결함으로써 만족감을 맛본다.	6. 문제 해결보다 오히려 일이 끝나고 자기의 시간을 가질 수 있는 것에 만족한다.
7. 목표에 대하여 고도의 추진력과 육체적인 정력을 쏟는다.	7. 고도의 추진력이 없는 경우가 더 많다. 정력을 목표에 쏟는 일이 잘 없다.
8. 자주적으로 행동하기를 원하여 타인의 조언을 간섭으로 여긴다.	8. 타인의 지시를 따른다. 그리고 조언을 잘 받아들인다.
9. 현실의 성과(성공 또는 실패)에 비추어, 달성 목표 수준의 높이를 조정한다.	9. 성공·실패에 관계없이 달성 목표 수준이 지나치게 높기도 하고 지나치게 낮기도 하다.

한편 타고나는 것이 아니라고 생각하는 사람은 그 증거로, 업무환경과 구성방법을 바꿈으로써 과업지향형 사람이 목표지향형으로 변해 가는 사례를 언급한다.

두 가지 주장 모두 설득력이 있다. 다만, 환경설에서는 원활하게 행동의 변화가 생기는 데 비하여, 타고난다(선천적)는 설에서는 유아기부터 육성환경이 작용하고 있으므로 태도 변화에 시간이 걸린다고 생각한다.

아무튼 개성이라는 점에서, 또 리더십이라는 측면에서 목표지향형 쪽이 리더에 적합한 타입이라는 것을 부정하는 사람은 드문 것 같다.

4. 숨길 수 없는 개성

자기의 개성을 안다는 것, 바꾸어 말하면 자기가 타인의 눈에 어떻게 비치고 있는가를 알아 둔다는 것은 중요하다. 자기의 개성을 숨기기 위해서가 아니라, 어떻게 하면 다른 사람의 협력을 잘 얻어 낼 수 있을까의 연구에 필요하다.

예를 들면, 자기의 개성을 보완하는 타입의 사람을 파트너로 영입한 후 협력하며 업무처리를 하는 것도 방법이다. 즉, 차분한 성격을 가진 리더라면 강한 개성과 주장이 있는 사람을 팀에 참가시키는 것이다. 사람은 자기의 개성을 상황에 맞게 잘 바꾸지 못한다. 자기를 드러내 놓고 동료들과 숨김없이 접촉하는 것 외에 달리 방법이 없다. 위선보다 나아 보인다. 옛말에 정직보다 나은 정책은 없다고 했다.

5. 리더십은 팀원이 리더의 개성을 인정하고 승인하는 것이다

리더의 개성에 대하여 몇 가지 학습했는데 인간의, 인간적 매력이란 과연 무엇일까?

리더도 멤버도 없다. 남의 사랑을 받고자 하면 먼저 그 사람을 사랑하는 수밖에 없다. 사람은 자기를 사랑해 주는 사람을 반드시 좋아하게 되어 있다.

이 말은 듣고 보면 정말 무서운 법칙이다. 이 법칙에 의하면, 리더의 매력이란 처음부터 리더에게 갖추어져 있어 팀원에게 보여 주는 것이 아니라, 팀원 쪽에서 자기 마음대로 매력을 느껴 권위를 부여해 주는 것이 아닐까 생각한다. 카네기는 어떤 파티에서, 단지 흥미롭게 그 사람의 이야기에 몇 시간 맞장구를 치며 들어주었을 뿐인데, 상대로부터 "당신은 정말 이야기 잘하는 사람"이라는 칭찬을 듣고 어리둥절했다는 에피소드를 들려주었다.

사람들의 이야기를 잘 들어주기만 해도 매력 있고 적극적인 리더, 존경할 수 있는 리더라는 말을 들을 수 있다. 저절로 마음이 가는 사람은 리더로서 소질을 타고난 사람이다.

자기의 개성은 숨길 수는 없지만, 다른 사람의 의견을 잘 듣고 장점을 끌어내는 노력은 마음만 먹으면 할 수 있다.

아래에 몇 가지 리더와 리더십에 대한 명언을 담아 본다.

▶ 장수가 유능하고, 군주가 견제하지 않으면 승리한다. (손자)
　(중요한 현장에서 응용은 현장 지휘자에게 맡기고, 무리하게 개입하지 않는 것이 이기는 비결임을 암시한다)

▶ 사람을 외형상 구별하면, 매우 따뜻하고 우호적이며 지적 행동을 보이는 사람과, 무뚝뚝하고 냉정하며 따뜻한 표정을 보

이지 못하는 사람으로 나눌 수 있다. 따뜻한 표정, 우호적 언사를 보이지 않아도 상대의 말에 귀 기울이고, 적절히 반응하고, 발언 내용을 귀히 여기는 마음은 낼 수 있다. (R. 리카드)

▶ 위대함이란 책임을 자각하는 일이다. 위대함이란 자기가 하는 일로 인류의 운명에 책임을 느끼는 것이다. 리더란 책임을 자각하는 존재다. 개개인 모두가 사람에 대한 책임을 지고 있다. (생텍쥐페리)

▶ 지도층 리더는 사회보장을 요구할 권리가 없다. 사회보장이라는 것은 하층 사람들, 빈곤자, 자위 수단이 없는 사람들, 누군가에게 고용되어 일할 수 있는 장소를 찾아내지 못하면 생계 수단을 구할 수 없는 사람들에게 베풀어지는 것이다. 사회보장이 그 외의 사람들에게 돌아가서는 안 된다.
그 외의 사람이란, 대중 앞에 서서 리드하는 사람들을 말하는데, 총명하고 경험이 풍부하다든가 하는 것만으로는 부족하다. 그 외의 사람은 마음으로부터 기꺼이 불명예를 벗어던질 수 있는 용기가 있어야 한다. (알스톰사 회장 데톱)

역량14 사고나 태도에 영향을 미치는 힘(기세 만들기)

▶ 사물에는 "세(勢)"라는 것이 있다.

▶ 그것은 1+1을 2가 아니라 3으로도 5로도 만든다.

▶ 그것은 "큰일이군." 하는 절박감에 의해 생겨난다.

▶ "어떻게 해야지" 하는 지혜로 커 간다.

1. 기세 만들기

사물에는 "세"라는 것이 있다. 처음에 졸졸졸 흐르던 시냇물도 점점 여기저기서 흘러 들어오는 물줄기를 만나 큰 강을 이룬다. 물의 흐름을 계속 따라가 보면 놀랄 만한 급류를 만난다. 급류라는 표현에 걸맞게 바위에 부딪히고 흘러 분류를 이룬다. 이를 두고 "세"라고 한다.

작은 에너지가 모여 단순한 덧셈이 아닌 곱셈의 원리가 되는 커다란 에너지를 낳는 것이 "세"의 정체다. 세라는 것은 사람들을 신명 나게 하는 데서 출발한다. 신명 나게 하는 몇 가지 조건을 알아보자.

1) 불씨 ⇒ 세의 씨앗이 존재하지 않으면 안 된다

작은 물줄기도 어딘가 발원지가 있어 비로소 다른 물줄기도 흡수할 수 있다. 최초의 핵이 필요하다. 조직에서 "세"를 만드는 핵은 사람이다. 한 사람이나 두 사람으로부터 시작될지도 모른다. 혼자서라도 불씨가 되어, 큰 강이 되는 사람을 일컬어 "the man"이라고 한다.

2) 가치 인식이 일치하는 동료끼리 모인다

그 사람(the man)은 물줄기의 출발점이다. 그 사람 외에 최초의 흐름이 되는 에너지를 제공하는 사람이 필요하다. 역량이 뛰어나도 혼자서는 흐름이 되지 않는다.

최초의 그 사람과 가치관이 같은 사람이 모여 흐름을 만든다. 혼자서는 아무것도 하지 못한다. 자기의 느낌과 체험의 효용성을 타인에게 전하려 해도 저항감만 커진다. 같은 체험을 한 사람을 모아야 한다.

한 사람보다는 두 사람, 두 사람보다는 세 사람, 체험자 증가는 급속히 효과를 높이고 타인에 대한 설득력을 높인다. 마치 물의 흐름이 여러 줄기와 합류하여 세를 붙이는 것처럼 말이다.

3) 여론 형성이 자연히 진행된다

두세 사람의 가치 인식이 일치하면 타인에 대한 작용 효과는 급격히 증가한다. 동시에 다른 조직(특히 선배 조직)으로부터 사실정보가 자연히 흘러들어와 핵심 인물들을 측면에서 지원하게 된다. "그 게임은 재미있을 것 같다."라는 말이 입에서 입으로 전파되어 많은 사람의 귀에 들어간다. 흐름은 더욱 많은 물을 모아 도랑을 달리게 되는데 유속은 급속히 증가한다. 조직 내부 사람에게서 들어온 정보가 아니라 이해관계가 없는 다른 사람들의 입을 통한 것이기 때문에 효과가 더 크다. 다른 멤버들도 차차 인식을 같이하게 된다. 이것은 할 수 있다는 예감이 여기저기서 생긴다. 여기까지 오면 물줄기는 이제 마르지 않고 도도히 흐르기 시작한다.

4) 기법과 기술의 뒷받침이 실행을 위한 자신감이 된다

이러한 조건이 없는 경우가 의외로 많다. 공장 팀에서 혁신이 성공했다고 하자, '공장에서만 하는 것이 아니라 본사도 할 수 있다.'라는 체험이 사내 많은 부문에 용기를 북돋아 준다.

어쩌면 이것은 사실과 반대일지도 모른다. 기법은 자기들 힘으로 만들어 내는 것이다. 자기들 힘으로 처음부터 해야 더욱 충실감이 생긴다. 그러나 "세"를 붙이려면 무엇보다도 성공할 수 있을 것 같다는 성공의 즐거움을 예감할 필요가 있다. 그 성공을 위해서는 아무래도 기술적 도구가 필요하다.

사실, 혁신도 실행하는 데는 에너지가 필요하지만, 한 번이라도 해냈다는 실적이 있으면, 두 번째 세 번째 실행하는 사람들은, 우리도 할 수 있다는 용기가 빨리 생길 수 있다.

2. "큰일이군." 하는 정신

다음에 소개하는 사례는 의욕이란 무엇인가에 대한 축약된 설명이다.

※ 유인(誘因)이 있고 동인(動因)이 거기 있다

무조건 행동만 하면 위험이 따를 수밖에 없다. 인원동원을 해야 하는 큰 사업은 무모하게 시작해서는 안 된다.

▼ 거기에 산이 있다. (유인)	
▼ 그것은 아직 아무도 오르지 않은 산이다. (가치, 강한 유인)	⇒ 그러므로 오르고 싶다. (동인)

▼ 등산 용구의 발달로 오를 수 있을 것 같은 조건이 갖추어지고 있다. (기술의 뒷받침, 성공 예감 - 강한 유인)	⇒ 이제는 할 수 있다. 연구개시! (동인)
▼ 다른 나라의 등반대가 등정 계획을 세우기 시 작했다! (큰일이군, 절박감 - 보다 강력한 유인)	⇒ 이젠 더 기다릴 수 없다! (동인)
▼ 돈이 없으면 어떻게 할 것인가. (큰일이군, 절박감)	⇒ 어떻게든 해야지! 지금 모으는 행동 개시! (동인)

큰일이군 하는 실감이 큰 사업의 시삭섬에 존재한다. 사람의 집단행농에는 계기가 있다. "큰일이군." 하는 절박감과 다음에 오는 "어떻게든 해야지" 하는 외부 동인과 내부 동인의 둘로 나누어 파악하지만, 처음에 오는 "큰일이군."의 구조는 다음 셋으로 나누어 설명할 수 있다.

1) 유혹형의 "큰일이군." ⇒ 예컨대 경쟁심이다

이대로라면 진다. 이대로라면 업적을 빼앗긴다. 이대로라면 애인을 다른 사람에게 빼앗긴다. 그렇다면 이대로 주저앉아 있을 수 없다는 절박감이 생긴다.

또 호기심도 유혹형의 하나인데, 이것에도 그 호기심을 충족시킬 기회는 바로 '지금이다.'라는 상태가 되어야 비로소 강한 "큰일이군."의 심리 상황에 이른다.

2) 또 하나는 협박형 "큰일이군."이다

이 내용을 위기의식이라고 한다.

"회사의 결산이 연속 적자다. 큰일이군."

이 절박감은 매우 효과적인 동기유발이다. "큰일이군."을 우리나라는 보기 좋게 극복해 왔다. 협박형의 특징은, 원인이 밖에서 제공되는 외란에서 기인한다. 다음의 "이상실현형"의 문제 형성은 내부로부터 원인이 제공되는 것과 대조적이다.

3) 마지막으로 이상실현형의 "큰일이군." 상황의 창조가 있다

이것은 말하자면 기대 레벨의 창조다.

신념에서 오는 "해야 한다."라는 사명감은 남다른 데가 있다.

내가 하지 않으면 누가 하는가 라는 사명감이 사람 마음을 강하게 한다.

"큰일이군."보다 "어떻게든 해야 한다."라는 부분이 더 크게 부각된 모습이다.

3. "그거 좋은 생각이다." 주의

조직의 세를 만드는 위기의식·모험심·경쟁심·사명감이 출발 시점에 존재한다. 불씨 위에 불씨인 세를 강화하는 것이 리더의 격려다. 단순히 격려하는 것만이 아니라, 엄격히 과제를 부여하고 무조건 신뢰를 보내는 것이다. 본인이 강력한 주체성을 갖추고 격려해야 한다.

※ 석유가 점점 멀어진다

앞에서 예를 든 남극 기지에서 대장의 리드 방법은 철저한 자기 재량주의였다. 일의 목적을 개개인에게 부여하고, 어떤 방법으로 하는가는 완전히 맡겨 버린다. "발전 담당은 전기를 발전만 하면 된다. 어떤 방법을 써도 상관없다."라고 대장은 대원들에게 자주 말하곤 했다.

이것은 사람을 끝까지 신뢰하고 일을 맡기는 방법이다. 물론, 발전 담당자는 요술로 발전을 일으키지는 못한다. 발전기는 운반해 와야 한다. 발전하기 위해서는 기름도 필요하다. 기름은 드럼통에 넣어진 채로 쌓여 있다. 그러나 그 드럼통을 발전기의 보일러까지 운반하지 않으면 안 된다. 어떻게 해야 하는가? 혼자서는 운반하지 못한다. 사람들에게 다른 일로 서비스하고, 대신 기름을 운반해야 할 때 도움을 받겠다는 지혜가 생긴다.

그러나 빈 드럼통이 늘어나면서, 옮겨야 할 드럼통의 위치가 많이 멀어졌다. 점점 멀리 있는 석유를 운반하지 않으면 안 된다. 추위는 날로 더해 간다. "이거 큰일이군, 기름이 다 떨어지기 전에 사람들한테 부탁하러 가야겠다." 이것이 바로 절박감이라는 것이다. 어떻게든 해야 한다는 마음이 지식과 결합한 것이 지혜다.

그러한 절박감 속에서 좀 더 좋은 방법은 없는가? "생각해 보면 파이프로 운반하는 방법이 있다."라는 지혜가 떠오른다. 그러나 석유를 운반할 파이프라는 것이 남극에는 없다.

발전 담당자는 식당에서 "파이프만 있으면 됩니다. 그렇게 되면 여러분이 고생하지 않아도 석유를 운반할 수 있는데요."라고 한다. 그러자 다른 대원이 "여기서 파이프를 어떻게 구할 수 있습니까?"라고 반문한다. 바로 그 순간 대장은 "그것 좋은 생각이군."이라고 했다. 그러자 모든 눈길이 대장 쪽으로 향하고 있었다.

"파이프 같은 거는 아무 데도 없는데요."

"만들면 되지 않을까."

"이 기지에는 파이프를 만들 수 있는 재료 따위는 없어요."

"굳이 공장에서 파이프를 생산하는 것처럼 하라는 건 아니지. 남극에 걸맞은 재료를 생각하면 돼요. 밖을 내다봐요. 눈도 있고 얼음도 있고, 조금만 생각해 보면 재료는 얼마든지 찾을 수 있어요."

대원들은 웃기 시작했다. "얼음 파이프가 부러지면 어떻게 합니까? 기름 한 방울은 피 한 방울과 같은데요?" 대장은 "부러지는 파이프라고 말하지 않았어. 부러지지 않는 파이프는 된다는 거지." "대체 어떻게 만들지요?"

대장은 난처한 나머지 "나도 몰라. 하지만 만들지 않으면 안 돼. 생각해 보면 부러진다는 것은 속에 뭔가 강한 것이 들어 있지 않기 때문이다. 그렇지, 섬유든 뭐든 얼음 속에 들어 있으면 되지 않을까? 이 기지에 필요 없는 섬유가 있을 리 없지. 내의 조각도 좋다."

'내의 이야기'에서 갑자기 가능성이 보이기 시작했다. 붕대라면 산더미처럼 쌓여 있다. 한 대원이 말했다. 그러자 여기저기서 웅성웅성하면서 관심을 보이며 붕대를 가지러 가겠다고 나섰다.

짧은 파이프가 하나 있었다. 그 파이프에 붕대를 물에 추겨서 감기를 몇 번 반복했더니 섬유가 든 얼음 파이프가 점점 굵어졌다. 이윽고 파이프 속에 뜨거운 물을 흘려 넣고 파이프를 잡아 빼면 섬유 파이프가 완성된다. 이렇게 만들어지는 짧은 섬유 얼음 파이프를 늘어놓고 이음새에 물을 부어 붙이고 얼리면 단단하게 붙는다. 이음새를 보강하는 붕대를 다시 한번 감아 주면 드디어 훌륭한 파이프가 만들어진다. 이렇게 만든 파이프로 석유를 무난히 운반하게 되었다고 한다.

이 에피소드는 창조력의 본질을 보여 주는 멋진 실례다.

큰일이군 → 어떻게 하지 않으면 안 된다 →

생각해 보면 → 그것 좋은 생각이군

4. 리듬을 타는 효용

세에는 리듬과 타이밍이 있다. 리더는 사람들이 창조하게 하려면 그 집단이 지닌 리듬을 소중히 여겨 증폭시켜야 한다.

앞서 얼음 파이프 이야기에서 발전 담당자의 혼잣말을 대장이 순간적으로 "그거 좋은 생각이다."라고 구원한 것이 리듬이 붙는 시작이었다.

그때 "어렵겠지." 하고 리더가 말했다면 리듬을 탈 수 없었을 것이다. 말이 오가는 중에 번뜩이는 아이디어가 도출되면 곧 행동으로 옮기자. 처음에 무리라고 생각되는 난제라도 뜻밖에 척척 처리되어 간다. 해 보지도 않고, 하지 못하는 이유를 생각하는 사람이 많다. 우선 행동한다. 어떻게든 할 수 있는 방법을 생각하려는 태도가 세를 형성하고 리듬을 낳는다.

행동하면서 학습한다. 지식을 채워 넣기보다, 요구된 부분만 단서로 주고 학습시키는 방법이 현저히 학습효과를 높인다.

이를테면, 정전기와 폭발 기체의 두려움을 설명하기보다, 자기 옷이 얼마나 정전기를 띠고 있는가를 측정해 보는 편이 훨씬 이해가 빠르다. 직장에 있는 폭발성가스를 사용하고, 자기 신체의 정전기를 인화원으로 폭발시키는 실험을 시켜 보면, 가스가 발생하는 약품 취급에 신경을 쓰게 될 것이다.

좋아하는 시 한 수를 공유하며 맺는다.

나는 배웠다

샤를 드 푸코

나는 배웠다
다른 사람으로 하여금
나를 사랑하게 할 수 없다는 것을

내가 할 수 있는 일은
사랑받을 만한 사람이 되는 것뿐임을
사랑은 사랑하는 사람의 선택에 달렸음을

나는 배웠다
내가 아무리 마음을 쏟아
다른 사람을 돌보아도 그들은
때로 꿈쩍도 하지 않는다는 것을

신뢰를 쌓는 데는 여러 해가 걸려도
무너지는 것은 한순간이라는 것을
인생은 무엇을 손에
쥐고 있는가에 달린 것이 아니라
누구와 함께 하는가에 달렸음을
나는 배웠다

우리의 매력이라는 것은 15분을 넘지 못하고
그다음은 서로를 알아감이 중요함을
나는 배웠다

다른 사람의 최대치에
나 자신을 비교하기보다는
나 자신의 최대치에
나를 비교해야 한다는 것을

나는 배웠다
그리고 또 나는 배웠다
인생은 무슨 사건이 일어났는가에
달린 것이 아니라
일어난 사건에 어떻게
대처하느냐에 달렸다는 것을

무엇을 아무리 얇게 베어낸다 해도
거기에는 언제나 양면이 있다는 것을

나는 배웠다
사랑하는 사람들에게는 언제나

사랑의 말을 남겨 놓아야 한다는 것을
어느 순간이 우리의 마지막이 될지
아무도 모르므로
또한 사랑을 가슴속에 넘치게 담고 있으면서도
이를 나타낼 줄을 모르는 사람들이 있음을

나는 배웠다
나에게도 분노할 권리는 있으나
타인에 대해 몰인정하고
잔인하게 대할 권리는 없다는 것을

나는 배웠다
우리가 아무리 멀리 떨어져 있어도
진정한 우정은 끝이 없음을

그리고 사랑도 이와 같다는 것을
내가 바라는 방식대로
나를 사랑하지 않는다 해서
나의 모든 것을 다해 당신을

사랑하지 않아도 좋다는 것이 아님을

나는 배웠다

또 나는 배웠다

아무리 좋은 친구라고 해도

때때로 그들이 나를 아프게 하고

그렇다고 하더라도

그들을 용서해야 한다는 것을

그리고 타인으로부터 용서를

받는 것만으로는 충분하지 못하고

때로 내가 나 자신을 용서해야 한다는 것을

나는 배웠다

아무리 내 마음이 아프다고 하더라도

이 세상은 내 슬픔 때문에

운행을 중단하지 않는다는 것을

나는 배웠다

환경이 영향을 미친다고 하더라도

내가 어떤 사람이 되는가 하는 것은

오로지 나 자신의 책임인 것을

나는 배웠다
나는 배웠다

우리 둘이 서로 다툰다고 해서
서로 사랑하지 않는 게 아님을
그리고 우리 둘이 서로 다투지 않는다고 해서
서로 사랑하는 게 아니라는 것도

나는 배웠다

두 사람이 한 가지 사물을 바라보면서도
보는 것은 완전히 다르다는 것도 나는 배웠다

그리고 또 나는 배웠다
앞과 뒤를 계산하지 않고
자신에게 정직한 사람이 결국은
우리가 살아가는 데서 앞선다는 것을

내가 알지도 보지도 못한 사람에 의하여
내 인생의 진로가 변할 수도 있다는 것을
나는 배웠다

나는 배웠다

이제 더 이상 친구를 도울 힘이

내게 없다고 생각할 때에도

친구가 내게 울면서 매달릴 때에는

여전히 그를 도울 힘이 나에게 남아 있음을

나는 배웠다

글을 쓰는 일이 대화를 하는 것과 마찬가지로

내 마음의 아픔을 덜어 준다는 것을

나는 배웠다

나는 배웠다

내가 너무나 아끼는 사람들이

너무나 빨리 이 세상을 떠난다는 것을

그리고 정말 나는 배웠다

타인의 마음을 상하게 하지 않는다는 것과

나의 믿는 바를 위해

내 입장을 분명히 밝힌다는 것

그러나 이 두 가지 일을

엄격하게 구분하는 것이

얼마나 어려운지를 나는 배웠다

나는 배웠다

사랑하는 것과 사랑을 받는 것, 그 모두를⋯

에필로그

　입사 후 공장에서 맡은 분야는 23만 평 부지에 들어선 크고 작은 화학 공장 장치류를 유지보수하는 업무였다. 어떤 설비는 작은 아파트보다 크고, 어떤 설비는 규모는 작아도 초고온, 초고압 설비였다. 설비 자체의 결함으로 인한 고장과, 사람의 조작실수로 빚어지는 설비고장 등 하루도 그냥 넘어가는 날이 없었다. 이미 발생된 사고는 원인을 올바르게 규명하고 아이디어를 내어 개선한다. 잘못된 처방은 더 큰 사고를 불러오기도 한다. 이런 사고는 원인 규명을 잘못한 탓이다. 기능을 정확히 정의하지 못해 엉뚱한 대응책을 끌어낸 사례다. 아직 발생 되지 않은 사고는 "이대로 두면 큰일 난다."라는 인식하에 문제 만들기부터 시작한 후 상황을 추리해 내고, 논리적으로 검증하여 대책을 세운다. 사고를 막기 위해 예방보전을 한다. 그야말로 문제 만들기와 문제 해결은 끝이 없다.

　그 후 지점으로 옮겨 판매와 영업을 담당하게 되었다. 여기서도 마찬가지다. 더 큰일들이 기다리고 있다. 경쟁에서 밀린 이유를 따져 보고 해결한다. 제품 구성이 문제인가, 품질 문제인가, 출시 타이밍 문제인가를 먼저 살펴본다.

　기능추출과 시스템설계로 아이디어를 도출해 내고 적기 대응한다. 또 고객의 니즈를 충족해 주고 있는가. 브랜드명은 적절한가, 영업사원 구성과 배치로 이어지는 팀 만들기는 적절한가 등을 따져 보고 해결해야 한다. 할 일이 산더미처럼 쌓여 있다. 다소 좌충우돌했지만 일하는 방법을 좀 더 익히게 된 유용한 경험들이었다.

일할 때마다 부족함을 느낀다. 모든 상황을 관통하는 업무지식은 없는가. 만일 있다면 몸으로 익혀 제때 사용할 수는 없을까. 올바른 판단과 결단은 언제쯤 가능할까. 적기에 실행하면 경쟁에서 밀리지 않을 수 있을 텐데. 실행단계에서도 손익계산과 설득방법이 문제일 때가 많다. 또 조직의 세를 확 끌어올릴 수 있는 불쏘시개는 어디 없을까. 고민은 끝이 없다.

MZ세대 신입사원들이 처음 일 시작할 때 많이 힘들어한다. 일에 자신감이 떨어지면 힘이 든다. 자신감이 떨어지는 이유는 처리해야 할 일의 도달점이 모호하기 때문이다. 목표지점을 명확히 알고 책에서 제시한 단계별 처리 방법을 꿰차고 있다면, 경력이 짧아도 일에 자신감이 생긴다. 이때는 누가 알아주지 않더라도 하루하루 즐겁다. 일이 나만의 프로젝트가 된다. 업무를 자기 단련의 기회로 삼아 처리해 나가기도 한다.

용기를 내. 실수할 수도 있지 뭐! 일에서 열정적으로 하라! 열정적으로 하라고 해서 없던 열정이 갑자기 생기던가? 이미 저질러 버린 실수가 자꾸 생각나고 신경이 쓰여 나도 몰래 기가 꺾이고 마는 경우를 경험해 보았을 것이다. 그러나 나의 뜻대로 일이 척척 진행되면 용기도 나고 없던 열정도 생긴다. 용기는 일이 뜻대로 되어 갈 때 저절로 생기는 결과다. 어제 평소 오랫동안 마음에 담아 둔 사람한테 대시했는데 상대방이 받아 주면 하늘을 날아갈 듯 용기가 난다. 힘이 난다. 내가 그리고 있는 목표지점이 드디어 환하게 그려지기 시작하고 곧 이룰 수 있을 것 같으면 용기가 나기 시작한다. 가족 중에 아픈 사람 없고, 아이들 모두 반듯하게 잘 자라 주면 즐겁다. 아침에 잠 깨어 가만히 생각해 보면 신이 나서 일어나 출근을 서두른다.

반듯한 목표를 세우고, 계획한 대로 일을 차곡차곡 처리할 때 용기는 저절로 생긴다.

이 책은 공동집필이다. 파트별로 나누어 자신 있는 분야를 저자들이 분담하여 집필하였다. 책이 나오기까지 많은 스태프의 도움이 있었다. 오래된 용어들이지만 추세에 맞게 수정하여 편집에 임해 준 팀원들에게 감사드린다. 그리고 마치 직접 쓴다는 생각으로 교정에 임하며, 틀리거나 어색한 용어를 지적해 주고 짜임새 있는 구성을 끌어내어 주신 좋은 땅 편집팀에게 감사드린다. 세상에 발을 내딛는 책의 첫 독자 입장에서 애정을 가지고 한 땀 한 땀 엮어 주셨다.

참고문헌
············

1장 자기 일을 파악하고 있는가 - 업무관과 태도

마크 브래킷 지음, 임지연 옮김, 『감정의 발견』, 북라이프, 2020.

박완순·이정근, 『인성공부』, 벗나래, 2012.

KMA, 『아이디어맨 1』, 신우사, 1999.

2장 비즈니스의 처음이자 마지막 - 전략력(기획력)

KICC, 『PROBLEM SOLVING PROGRAM 』, KICC, 2019.

짐 콜린스 지음, 이무열 옮김, 『GOOD TO GREAT』, 김영사, 2004.

짐 콜린스·윌리엄 레지어 지음, 임정재 옮김, 『LEADERSHIP VISION STRATEGY INNOVATION TACTICS』, ㈜위즈덤하우스, 2002.

찰스 메신저 지음, 한상석 옮김, 『신화로 남은 영웅 ROMMEL』, 플래닛미디어, 2010.

KMA, 『아이디어맨 2』, 신우사, 1999.

스콧영 지음, 이한이 옮김, 『울트라러닝』, 비즈니스북스, 2020.

3장 남보다 빨리 변화를 읽는다 - 선견력(예측력)

잭 웰치·수지 웰치 지음, 김주현 옮김, 『WINNING』, 청림출판, 2006.

박상현·고태봉, 『부의 지도』, ㈜원앤원콘텐츠그룹, 2021.

KMA, 『아이디어맨 2』, 신우사, 1999.

미야모토 무사시 지음, 박화 옮김, 『오륜서』, 원앤원북스, 2013.

4장 창조의 시작 욕구·기능·수요의 구분 - 창조력(개선력)

황농문, 『THINK HARD!』, 랜덤하우스코리아(주), 2007.

박상현·고태봉, 『부의 지도』, ㈜원앤원콘텐츠그룹, 2021.

찰스 메신저 지음, 한상석 옮김, 『신화로 남은 영웅 ROMMEL』, 플래닛미디어, 2010.

KICC, 『PROBLEM SOLVING PROGRAM 』, KICC, 2019.

KMA, 『아이디어맨 3』, 신우사, 1999.

스콧영 지음, 이한이 옮김, 『울트라러닝』, 비즈니스북스, 2020.

이홍 지음, 『창조습관』, 더숲, 2010.

5장 실행하고 결단한다 - 실행력(결단력)

스티븐코비·로저메릴 지음, 김경섭 옮김, 『FIRST THINGS FIRST』, 김영사, 1997.

잭 웰치·수지 웰치 지음, 김주현 옮김, 『WINNING』, 청림출판, 2006.

짐 콜린스 지음, 이무열 옮김, 『GOOD TO GREAT』, 김영사, 2004.

짐 콜린스·윌리엄 레지어 지음, 임정재 옮김, 『LEADERSHIP VISION STRATEGY INNOVATION TACTICS』, ㈜위즈덤하우스, 2002.

KMA, 『아이디어맨 4』, 신우사, 1999.

스콧영 지음, 이한이 옮김, 『울트라러닝』, 비즈니스북스, 2020.

6장 남극에도 일요일을 - 조정력(설득력)

마크 브래킷 지음, 임지연 옮김, 『감정의 발견』, 북라이프, 2020.

김병국, 『비즈니스 협상론』, 한국능률협회출판(주), 2005.

찰스 메신저 지음, 한상석 옮김, 『신화로 남은 영웅 ROMMEL』, 플래닛미디어, 2010.

KMA, 『아이디어맨 5』, 신우사, 1999.

7장 주장의 품격, 감독의 품격 - 개성(영향력)

잭 웰치·수지 웰치 지음, 김주현 옮김, 『WINNING』, 청림출판, 2006.

마크 브래킷 지음, 임지연 옮김, 『감정의 발견』, 북라이프, 2020.

KMA, 『아이디어맨 6』, 신우사, 1999.

일이 **남을 것**인가, 내가 **남을 것**인가

ⓒ 김성한 · 노병태 · 이달영 · 김소영, 2023

초판 1쇄 발행 2023년 11월 9일

지은이   김성한 · 노병태 · 이달영 · 김소영
펴낸이   이기봉
편집   좋은땅 편집팀
펴낸곳   도서출판 좋은땅
주소   서울특별시 마포구 양화로12길 26 지월드빌딩 (서교동 395-7)
전화   02)374-8616~7
팩스   02)374-8614
이메일   gworldbook@naver.com
홈페이지   www.g-world.co.kr

ISBN   979-11-388-2470-5 (03190)